O DESPERTAR DA KUNDALINI

GOPI KRISHNA

O DESPERTAR DA KUNDALINI

Tradução
NAIR LACERDA

EDITORA PENSAMENTO
São Paulo

Título do original:
The Awakening of Kundalini

Edição	Ano
1-2-3-4-5-6-7-8-9	85-86-87-88-89-90-91-92-93

EDITORA PENSAMENTO
Rua Dr. Mário Vicente, 374 – 04270 São Paulo, SP – Fone: 63-3141

Impresso em nossas oficinas gráficas

SUMÁRIO

INTRODUÇÃO

Em *O Despertar da Kundalini*, o autor escreve a partir de sua experiência própria e direta de iluminação, a meta suprema de toda a disciplina espiritual, inclusive da meditação. Este é um livro para todos os que desejem conhecer os fatos básicos sobre a meditação e as energias que ele põe em movimento.

Gopi Krishna veio ao mundo numa pequena aldeia de Gairoo, em Cachemira, o estado mais setentrional da Índia. Ali, onde o fabuloso vale de Cachemira e seus jardins mongóis aninham-se nas alturas do Himalaia, o autor viveu a maior parte de seus setenta e dois anos de vida. Foram anos difíceis, desde o princípio. Não podendo continuar seus estudos além do ginásio, ingressou no serviço público como modesto funcionário e, ali, ficou até sua aposentadoria.

Há alguns anos, fundou o Instituto de Pesquisas para Kundalini, em Nishat, nas imediações da capital, Srinagar, onde reside, e agora devota todo o seu tempo à pesquisa. O governo da Índia também está dando início a um projeto de pesquisa sobre a Kundalini, na tentativa de verificar o que alegavam os antigos adeptos.

Nessas investigações, Gopi Krishna descobriu que, durante os últimos tempos, houve muito poucos casos de pessoas nas quais a serpente de fogo ardesse incessantemente desde o dia do despertar até o último, trazendo consigo as transformações mentais que os antigos sábios da Índia conheceram. Gopi Krishna despertou a serpente em si próprio em dezembro de 1937, quando tinha trinta e quatro anos de idade, após dezessete anos de meditação quase diária. Concentrava-se com freqüência num ponto acima das sobrancelhas, durante três horas, aproximadamente, cada manhã, antes de sair para a sua repartição. Certa manhã aconteceu o seguinte fato, que ele assim descreve:

> "Subitamente, com um fragor como o de uma catarata, senti uma torrente de ouro líquido entrando em meu cérebro através da espinha dorsal. A iluminação foi crescendo; cada vez mais brilhante, o fragor cada vez mais alto... Eu me tornei um vasto círculo de percepção, no qual o corpo não passava de um ponto, banhado numa luz e num estado de exaltação e felicidade impossíveis de descrever."

Essa experiência, cuja duração ele não poderia calcular, marcou o início de uma transformação total na sua consciência, que desde então tornou-se um aspecto permanente de seu ser. Em conseqüência disto, e por causa da pesquisa documental realizada durante muitos anos, é que ele, agora, dedica-se a escrever sobre o assunto e enuncia uma doutrina que, a não ser por algumas sugestões veladas de misteriosos documentos esotéricos antigos, está sendo apresentada pela primeira vez sob a forma de teoria, cujo campo é praticável, cobrindo todos os fenômenos psíquicos e espirituais.

Por aquilo que tem sentido e continua a sentir sempre que resolve dirigir sua atenção para o interior de si mesmo,

Gopi Krishna chegou à conclusão de que o universo que vemos é apenas uma das facetas de uma criação que está oculta à nossa visão. Em outra dimensão de conhecimento, outras facetas surgem à vista, e são de tal forma surpreendentes e transcendentes, que aquilo que podemos observar com o nosso conhecimento normal fica reduzido a insignificâncias. É por esse motivo que a experiência mística sempre foi indescritível. A expressão *"Neti, neti"* significa: "Não é isso, nem é aquilo; é simplesmente indescritível!" O que se experimenta no estado de Percepção Cósmica não pode ser descrito porque provém, em sua totalidade, de uma outra dimensão.

Embora isso seja verdade, Gopi Krishna recebe constantes pedidos para que descreva suas experiências nessa outra dimensão, e tem tentado fazer isso em vários trabalhos já publicados ou em vias de publicação, particularmente em *The Riddle of Consciousness* (O mistério da consciência).

Não muito depois do despertar inicial da força da Kundalini, naquela manhã de dezembro, ele escreveu que então se sentira como uma criancinha que se aventurasse a sair de casa pela primeira vez e se encontrasse à beira de um oceano encapelado, completamente perdido entre os dois mundos nos quais vivia — "o incompreensível e infinitamente maravilhoso universo interior, e o colossal mas conhecido mundo exterior". E continua a dizer, em sua autobiografia, *Kundalini, a Energia Evolutiva do Homem*:

> "Quando olho para dentro, sou erguido para além dos confins do tempo e do espaço, em sintonia com a existência majestosa, toda-consciente, que zomba do medo e ri da morte, comparada com a qual mares e montanhas, sóis e planetas não parecem nada mais do que nuvens ligeiras e transparentes percorrendo um céu fulgurante; uma existência que está em tudo,

e ainda assim absolutamente afastada de tudo, uma infinita e inefável maravilha que só pode ser sentida e não descrita.

Como resultado de uma radiante espécie de energia vital, diariamente observada mas ainda incompreensível, desenvolveu-se em mim um novo canal de comunicação, um sentido superior, através do qual eu posso, em certas ocasiões, ter um rápido relance do mundo poderoso, indescritível, ao qual realmente pertenço – como um fino feixe de luz, que entra de viés num aposento escuro, não pertence ao aposento que ilumina, mas ao sol fulgurante que está a milhões de milhas de distância.

... Percebo uma realidade diante da qual tudo quanto trato como real parece sem substância, feito de sombras; uma realidade mais sólida do que eu próprio, cercado pela mente e pelo ego, mais sólida do que tudo quanto posso conceber, inclusive a própria solidez."

Em seus escritos, Gopi Krishna não está aderindo a nenhum sistema metafísico antigo ou moderno. Ele acredita que o intelecto, sozinho, não pode resolver o enigma da criação, mas que, através do processo de evolução paulatina, a humanidade chegará a ter a posse de outras faculdades e de outros meios de percepção, a fim de ganhar conhecimento daquilo que, no momento, está totalmente oculto, e de energias e forças que em tudo se difundem. Com essa elevação de suas faculdades mentais, o homem poderá atrair uma imagem mais nítida do cosmos, o que é necessário para a compreensão do fundamental.

A idéia da consciência humana, que transcende as limitações dos sentidos e entra num mundo não material, é algo inimaginável. Para os que têm mentalidade religiosa, o pensamento da experiência mística tem o antegosto de um estado superior de percepção, em direção ao qual a humanidade está evoluindo, e de início é uma visão inaceitável, pois fragmenta nosso mundo de sonho com Deus, alma, pecado, virtude, servidão, emancipação e muitos outros conceitos comuns às religiões do mundo.

Gopi Krishna, porém, tem estado sempre consciente das dificuldades que enfrenta para obter a aceitação dessa idéia tão nova e inesperada. O conceito de prana – esse "tipo de radiante energia vital" –, por exemplo, ainda não entrou no pensamento de psicólogos e cientistas do Ocidente, embora a descoberta de novas partículas elementais, que não se encaixam na estrutura de seu conhecimento presente, possa abrir caminho, no futuro, para essa aceitação. Quando se discute consciência e mente, estão sendo tratadas entidades que não podem ser definidas nos termos das propriedades atribuídas à matéria, tais como tamanho, textura, granulação, peso etc. Mente e matéria podem ser derivações da mesma substância básica, mas as propriedades das duas são pólos separados.

Nosso equipamento sensual, portanto, não pode apreender a consciência e, através dele, jamais poderemos saber o que acontece em outra mente. Como funciona, então, um organismo vivo? Como um pensamento, ou uma ação, pode influenciar as células do corpo? Deve haver um elo de conexão entre os dois. Afirmar, como fazem os modernos biólogos, que corpo e mente são inseparáveis, seria reduzir a consciência a um epifenômeno e negar existência independente à vida e à consciência. Afirmar que a consciência é a única realidade e que o mundo visível é uma ilusão cria outras dificuldades.

A tarefa de Gopi Krishna é chamar a atenção dos cientistas de mente aberta e de leigos inteligentes para a investigação da ponte psicológica que conduz a um estado superior de consciência. Embora hoje exista um vasto volume de literatura a respeito da evolução humana, o órgão biológico responsável por ela permanece um mistério. Do lado religioso, não foi oferecida até agora uma explicação sobre o transe místico e a experiência religiosa. As revelações de Gopi Krishna sobre a Kundalini fornecem, pela primeira vez, uma ponte entre a religião e a ciência.

Desde que a existência dessa ponte seja provada e aceita, milhares de pesquisadores, atraídos de todas as partes do mundo, irão treinar a si mesmos para a suprema condição que ele descreve neste e em outros escritos. Os que tiverem êxito nesse empreendimento investigarão as implicações metafísicas de sua existência, lançando, assim, uma base para a ciência da percepção ou consciência. Porque o empreendimento da Ioga, do qual a meditação é apenas um ramo, não pretende ser uma mera busca de paz mental ou de uma visão de Deus, ou de dons psíquicos, mas está destinado a erguer o aspirante à altíssima estatura de um prodígio intelectual, de um profeta.

Somente o autêntico profeta, o homem esclarecido ou a mulher esclarecida, pode apontar sem errar as causas responsáveis pelas crises mundiais que enfrentamos. A verdadeira revelação, transcendendo para além dos valores atuais e dos gostos de certo período da história, atrai a atenção para os erros predominantes em matéria de pensamento e para as falhas de conduta, inimigas do progresso da humanidade. Ela reafirma a fé na orientação divina e apresenta novos conceitos e idéias ao intelecto, que, até agora, só os tinha percebido vagamente.

Gopi Krishna não tem inibições quanto a cooperar com qualquer cientista ou instituição que tenha como objetivo a disseminação da Verdade. Ele incita os cientistas de todo o mundo a investigar, com a mesma dedicação e urgência que caracterizou o Projeto Manhattan dos anos 40 e do qual resultou a bomba atômica, a ponte fisiológica que conduz à percepção superior.

Ele não é um guru, nem quer ter seguidores. Não tem a ilusão nem o orgulho de pensar que a sabedoria da terra está concentrada nele. Porque sabe muito bem que, depois de investigar e estudar durante anos, o homem terá apenas bebido algumas gotas do Oceano Infinito que alimenta o universo. Gopi Krishna ajudará, de todo o coração, a tornar conhecida qualquer gema da verdade, onde quer que ela possa ser encontrada, mas é preciso que se trate de uma verdade universal que venha a ajudar toda a humanidade.

O caminho único para a sobrevivência da raça será uma revolução psicológica que estabeleça a primazia do espírito sobre a carne, de forma a atender às exigências da moderna ciência e a satisfazer o intelecto dos dias presentes. Seria a verificação empírica de uma lei psicossomática que está agindo por trás de todos os fenômenos supranormais e espirituais testemunhados pela história. Ele acredita — conforme escreveu há algum tempo — que isso acontecerá num futuro bem próximo:

In but a decade, at the utmost two,
The world of science shall have found the clue
To that mysterious chamber of the brain,
Which healthy meditation tends to train,
To flood with radiant psychic energy,
Drawn from the ambrosial reproductive tree,
And then, illumined by a wondrous light,
It brings the hidden world of Life in sight.*

Gene Kieffer
24 de novembro de 1974

* [Em nada mais do que uma década, quando muito duas,
O mundo da ciência encontrará a chave
Dessa misteriosa câmara do cérebro,
Que a saudável meditação tende a treinar,
A inundar-se com a radiante energia psíquica,
Retirada da ambrosíaca árvore da reprodução.
E então, iluminado por luz estupenda,
Ele exortará à vista o mundo oculto da Vida.]

I

O QUE TODOS DEVERIAM SABER SOBRE PERCEPÇÃO SUPERIOR

É difícil, freqüentemente, convencer alguém sobre o erro existente em seu pensamento. Se isso fosse fácil, não existiriam tantos pontos de vista diferentes, cada um deles convencido de sua própria autenticidade justificada pela argumentação. Não haveria tantas escolas de filosofia ou essa variedade de ideologias políticas.

É comum vermos pessoas defendendo suas opiniões e crenças, mesmo quando palpavelmente absurdas e insustentáveis. A mente que exibe tais opiniões insustentáveis está, porém, tão dominada ou deformada que, por mais que tentemos, não é possível desviá-la de seu ponto. Por isso é que vemos tão vasta diversidade de opiniões na questão da percepção superior em centenas de livros, cada qual representando um ponto de vista diferente.

Assim, é fácil imaginar a tarefa gigantesca de alguém que resolva provar que é possível, para o indivíduo, exceder os limites da percepção humana. Porque, neste plano da realidade, a mente observadora e o mundo objetivo assumem um relacionamento diferente, não como sujeito e tema, mas como dois aspectos de uma realidade subjacente.

Há uma dificuldade óbvia na apresentação de uma idéia inteiramente nova e para além da compreensão da mente comum. Esse conceito está tão distante da nossa experiência normal, que é extremamente difícil para alguém aceitá-la prontamente sem se deixar tomar por dúvidas e incertezas.

É por causa dessa dificuldade e desse comportamento da mente que um dos mais persistentes fenômenos da história, que resulta em mudanças cataclísmicas no pensamento humano, ainda permanece um mistério. Quando muito, trata-se de um assunto controverso entre intelectuais de destaque, e suas implicações para o futuro da humanidade foram completamente obscurecidas.

Eu me refiro ao aparecimento, no palco da história, de grandes místicos, videntes, profetas, Cristo e Buda inclusive.

A sublevação que eles causaram no pensamento e na vida de incontáveis pessoas — com seus relances de um domínio superior da criação, com seu próprio exemplo, com sua exortação quanto a uma vida mais nobre — está entrelaçada com o tecido inteiro da história.

Podemos acaso atribuir toda a fermentação que causaram, e a fé de milhões que eles vêm dirigindo por centenas de anos, apenas a um acontecimento ocasional ou a uma ilusão das multidões? Se não podemos, jamais conseguiremos nos aproximar da compreensão do mistério que está por trás de seus nascimentos e de suas carreiras? Que força os arrastou a atos prodigiosos de renúncia e martírio? Que poder articulou as frases inspiradas que deveriam tornar-se palavras familiares e comover os corações, ainda mesmo hoje? Que poder magnético lhes permitiu ganhar tal poder sobre seus discípulos e seguidores, para que seus nomes estejam vivos no coração de incontáveis seres humanos? Apesar dessa grande distância, esses profetas fazem pequenos os eminentes pensadores e intelectuais surgidos depois deles.

O mundo foi tão desviado pelas descrições errôneas da percepção superior apresentada nos tempos modernos que excluiu completamente o fato de que os mais notáveis exemplos de percepção transumana — os grandes místicos e fundadores de religiões —, tanto em sua estatura mental e modo de vida, evidenciaram certas características extraordinárias que se situam absolutamente além do terreno dos estados alterados da consciência, induzidos por drogas, *biofeedback*, hipnose ou técnicas de meditação auto-sugestivas.

Todos esses métodos produzem apenas homens e mulheres comuns. Alguns podem ser sujeitos a experiências visionárias, intuições clarividentes, ou mesmo relances criativos, mas, assim mesmo, comuns. Nenhum deles é sequer remotamente comparável a essas notáveis figuras do passado.

Muitos indivíduos afirmam, hoje, ter alcançado o mais alto estado de percepção, mas precisaríamos de páginas para fazer o rol de seus nomes. Podemos começar com escritores conhecidos, como Ram Dass (ele afirmou, com freqüência, ter alcançado Samadhi, tanto com drogas como sem elas) e John Lilly, que diz o mesmo na introdução do seu livro, *Center of the Cyclone*. Há muitos místicos, mestres, gurus, e santos, que fazem ouvir sua voz na Índia, no Tibete, no Oriente Médio e em outros lugares, todos afirmando achar-se em estado de Superconsciência ou de Consciência Cósmica. Todos eles recomendam técnicas diferentes, mas nenhum discute os aspectos biológicos do processo evolutivo.

A validade dos fenômenos psíquicos é amplamente admitida, mesmo por alguns cientistas, embora ninguém seja capaz de atribuir uma razão plausível para isso. Alguns cientistas estão até preparados para aceitar a credibilidade de fenômenos bizarros, tais como os produzidos por Uri Geller e outros. O Dr. Andrija Puharich atribui alguns dos feitos extraordinários de Geller à influência mental de seres extraterrestres. Explicações igualmente fantásticas são amiúde dadas para as estranhas ocorrências testemunhadas em sessões mediúnicas.

Não há, talvez, domínio do conhecimento que forneça tão vasto campo para exercer-se a faculdade fantasmática do homem como o oculto e o paranormal. Não é, porém, facilmente aceito que o poder que está por trás das realizações extraordinárias dos gênios espirituais e a força que está por trás dos fenômenos psíquicos, sejam, ambos, o fluxo de um manancial de energia inteligente, presente no organismo humano. A explicação, embora simples e racional, livre de tonalidades fantásticas, é desviada.

O que estou afirmando, com inteiro senso de responsabilidade e baseado em minha própria experiência, é que existe um maravilhoso potencial presente no corpo humano, que atrai a humanidade para um estado de sublime percepção, inconcebível mesmo para a mente mais inteligente que não o tenha sentido.

O aparecimento dos mais extraordinários profetas e místicos do passado — a maioria dos quais acreditava-se que possuíssem faculdades psíquicas — e a existência de notáveis médiuns e sensitivos são fatos históricos. Eles fornecem uma evidência irrefutável do fato de que o cérebro humano tem capacidade para extraordinárias manifestações, que, até agora, não pudemos entender nem explicar.

O assunto que fica para ser explorado e autenticado é a existência da potencialidade, presente no organismo humano, para criar essa condição extraordinária do cérebro. E, com esse propósito, a investigação científica do fenômeno da Kundalini pode oferecer o caminho necessário.

Que o homem está evoluindo para um estado de conhecimento, no qual a realidade que está além do universo pode tornar-se perceptível, é coisa inteiramente distante dos sonhos dos nossos intelectos de mais longo alcance. O que esta investigação estabelecerá integralmente — corroborada por centenas de antigos livros esotéricos da Índia, da China e de outros lugares — é o espantoso fato de que o mecanismo reprodutor pode ser reversível; e a preciosa energia, em vez de fluir para baixo e para fora, pode derivar para dentro e para cima.

Essa reversão, que se dá tanto no homem como na mulher, causa assombrosa transformação no sistema cérebro-espinhal, levando a uma explosão de consciência. É difícil descrever corretamente a sensação de infinitude e de imortalidade causada por essa transformação.

Suponhamos que o aparelho reprodutor, reagindo sobre si mesmo — usando sua energia vital concentrada — possa elevar sua atividade muitas vezes mais do que a que existe agora em homens e mulheres normais. Esse agregado, altamente acrescido de secreções e essências genitais, é usado, então, para reconstruir o sistema nervoso e o cérebro.

É o que acontece quando esses órgãos vitais são construídos num feto, no útero, quando partículas elementares da natureza são atraídas de todas as partes do corpo, segundo leis biológicas ainda não compreendidas. Agora, entretanto, o sistema reprodutor é usado como um centro de transferência, onde essas energias-de-vida são transformadas numa energia ainda mais radiante ou volátil, que flui para cima, para o cérebro, produzindo estados de consciência paranormais e atividade psíquica.

Com esse enorme fluxo da mais poderosa energia nervosa

indo para o cérebro, continuamente, durante anos e anos, o horizonte da mente pode ampliar-se a um grau que se situa muito além da capacidade de um cérebro normal. Essa transformação é estabelecida sobre a ambrosia copiosamente produzida pelo mecanismo reprodutor, trabalhando dia e noite.

Assim como não podemos compreender inteiramente o processo pelo qual os recursos orgânicos do corpo de uma mulher grávida convergem para formar o embrião, é impossível compreender todos os processos envolvidos quando o sistema reprodutor reflui para si próprio, a fim de produzir o embrião da superconsciência no cérebro. A energia vital do corpo converge para essa transformação.

Os grandes e raros gênios espirituais do passado foram produtos dessa transformação biológica, ou ao nascer ou em algum tempo durante a sua existência. Isso acontece ainda hoje, em formas abortivas e imperfeitas, em médiuns e sensitivos cujas realizações inexplicáveis causam admiração entre os observadores.

Ambas essas manifestações ocorreram e continuam ocorrendo através dos produtos naturais dessa metamorfose — a ação do despertar da Kundalini —, embora o conhecimento do mecanismo esteja inteiramente ausente ou saturado com antigas superstições e equívocos.

Que prodígios mentais iluminarão o mundo, e que imensas mudanças haverá quando as leis que governam esse processo de transfiguração se tornarem conhecidas? Então, os mais altos intelectos do mundo se submeterão a disciplinas eficazes para ativar o mecanismo neles próprios, a fim de alcançarem a mais alta meta possível para a humanidade.

O que afirmo de início poderá parecer impossível, o apaixonado sonho de um visionário sem base na realidade. Mas a ciência da Kundalini levará à realização dos sonhos dos idealistas através dos tempos, porque esse novo órgão de percepção trará soluções para muitos dos maiores problemas que hoje enfrentamos.

Traços animais e fraquezas dos seres humanos têm sido tão desenfreados na história que podemos bem considerar uma ilusão acreditar que a humanidade possa algum dia alcançar uma condição de coexistência pacífica, de harmonia, fraternidade, justiça e plenitude.

Contudo, a humanidade tem feito progressos. Somos mais perceptivos do que as pessoas sempre foram quanto à desumanidade entre os homens. Esse processo interior jamais teria sido possível se não houvesse um fundamento psíquico ou biológico, ou ambos. Nesses dois casos, o cérebro deve ter sido, de certa forma, influenciado ou moldado para admitir a tendência para ser uma parte da mente individual e coletiva.

Se isso for aceito, segue-se então que, seja qual for a natureza da intervenção, as idéias e o comportamento dos indivíduos podem retardar ou acelerar essa tendência. Para o refinamento do comportamento e do pensamento humano, deve haver também o refinamento correspondente do cérebro e do sistema nervoso. Mas, desde que somos inteiramente inconscientes dos processos através dos quais o cérebro funciona — e da natureza da energia usada nessa atividade —, é ocioso esperar que possamos compreender esses processos.

Um pouco, porém, sabemos com certeza: os luminares religiosos da humanidade incluíram em suas fileiras homens e mulheres do mais elevado caráter jamais nascido. Uma moral de alto calibre caminha ao lado de estados de conciência elevados. O instrumento psicossomático para realizar essa transformação da consciência e o enobrecimento do caráter é a Kundalini. No futuro, portanto, os produtos voluntariamente criados da Kundalini serão não só prodígios mentais e intelectuais da mais alta ordem, mas também homens e mulheres de caráter exemplar.

Há uma razão ponderável para que assim seja: a entrada no superconsciente implica uma experiência impressionante, estimulante, e nada na terra se compara com ela. É o auge de tudo o que um ser humano poderia gostar de ter, de possuir ou de conquistar.

"A vaca que realiza todos os desejos", a "Ilha das Jóias", "O Jardim da Bem-aventurança", "as Montanhas de Ouro", e outros termos mais eufemísticos foram cunhados pelos antigos mestres para significar a glória indescritível de seu estado soberano.

Os receios expressos por William Irwin Thompson, de que um tal safra de adeptos introduzisse um novo papado e constituísse uma ameaça para a democracia, são infundados. Em primeiro lugar, essa atitude pressupõe a crença na perpetuidade da forma presente de idéias sobre democracia e outros sistemas políticos modernos, nos quais já começam a aparecer rachaduras.

Em segundo lugar, ele ignora completamente a realidade atual, que outorga, na sociedade, uma posição dominante para os inteligentes e talentosos sobre seus companheiros menos afortunados. Podemos novamente supor, de maneira razoável, que o homem pode derrubar um sistema que está enraizado na própria base do universo e da individualidade humana, e planejado pela natureza para a sua evolução, e que jamais poderemos conseguir fazer todos os homens e mulheres igualmente inteligentes e capazes, quando a estrutura da natureza mostra polaridade? Se tal suposição não é realista, como claramente não é, então, onde está a falha naquilo que asseguro?

A própria natureza do atual estado explosivo do mundo torna imperativo que alguma outra classe de homens, que não os que agora manejam as rédeas do poder em vários campos da atividade humana, ocupem seus lugares. Só eles podem trazer harmonia onde o caos e a violência predominam na hora presente.

A atual procura de "mestres", de "gurus", de "iniciadores" e de "adeptos" é um prenúncio de eventos que estão para vir.

Não me preocupo com o fato de os intelectuais, como classe, mostrarem-se indiferentes às minhas afirmações. Sempre foi assim, quando quer que uma nova idéia fosse apresentada à humanidade. A *intelligentsia* forma a mais veemente oposição, porque o conceito é tão novo e tão radicalmente divergente do pensamento pretérito que, para que ele seja assimilado, faz-se necessária uma inspeção das nossas noções presentes bem como dos nossos valores atuais.

O que é da maior importância é que as possibilidades implícitas na Kundalini sejam conhecidas. Isso irá lentamente acontecer, graças aos dedicados esforços dos que estão ansiosos por ajudar o nascimento de um mundo novo. Essa busca geral de uma ordem melhor e de uma vida mais feliz para a humanidade jamais cessará até que o objetivo seja alcançado.

II

A ANTIGA CONCEPÇÃO DA KUNDALINI*

A idéia de Kundalini — a Serpente do Poder — não é desconhecida no Ocidente. A Bíblia menciona-a veladamente, mas há menções claras a respeito nos livros de alquimia e de outras disciplinas esotéricas. No início deste século, um escritor americano rastreou referências à Kundalini em várias passagens da Bíblia. Há alguns anos, essa antiga doutrina chegou mesmo a penetrar nos domínios exclusivos da ciência, e pelo menos alguns cientistas eminentes chegaram a conhecer as suas implicações no contexto das opiniões atuais sobre religião e experiência mística.

Há, contudo, uma atitude generalizada de incredulidade, que não deve causar admiração, dada a presente atitude da ciência em relação à religião e ao sobrenatural. Essa atitude é o resultado de uma curiosa situação. O que geralmente vemos é, de um lado, um extremo ceticismo e, de outro lado, uma extrema credulidade. Não me perturba a atitude, de certa forma rígida, das categorias comuns, mesmo a da ciência. Considerando o clima que prevaleceu até agora, eu a recebo

* Publicado como *Understanding Transformation of Conciousness*, em *Fields Within Fields*, edição número 11, primavera de 1974, edição do World Institute Council, 777 United Nations Plaza, New York, N. Y. 10017. Editor: Julius Stulman.

bem. Uma resposta demasiado pronta para uma idéia inesperada não é coisa de se esperar de um intelecto amadurecido. Faz-se necessária uma sondagem completa. O que me parece paradoxal é que alguns cientistas dêem crédito a vários acontecimentos, tais como, por exemplo, a telecinésia e a possibilidade de ocorrência de consciência mística com o uso de drogas, proposições ainda discutíveis, ambas, e hesitem até mesmo para aceitar a hipótese de que existe uma fonte adormecida de energia biológica, ainda não identificada, que está na raiz de todos os fenômenos estranhos ou sublimes. Pode alguém negar que deve existir uma explicação, em termos psicossomáticos, para todos os fenômenos transcendentais ou paranormais da mente humana? Se o fenômeno é aceito, então a existência de uma fonte causal também tem de ser admitida. Esses fenômenos não podem ocorrer por acaso, devidos a causas que sempre devam permanecer além da comprovação do intelecto. Se tal posição for aceita, isso significa, então, que tanto os fenômenos psíquicos quanto as visões beatíficas continuarão, até o fim dos tempos, a intrigar e a mistificar, sem qualquer esperança de uma solução racional, ou mesmo supra-racional, do problema.

Como disse, não estou absolutamente desapontado com a atitude cética dos homens de ciência, mas o que não posso compreender é a sua incongruência no trato do problema. Sem que houvesse a corroboração de um só grande místico, do Oriente ou do Ocidente, muitos deles aceitaram como algo natural, sem uma investigação regular, que os estados de sono consciente, semiconsciente ou profundo, induzidos por drogas, *biofeedback*, auto-hipnose, retenção da respiração ou da circulação sangüínea representam ou estão no mesmo nível da experiência mística, sem sequer tentarem definir, em fraseologia científica, o que significa "experiência mística".

Há um tal abismo de diferença entre os místicos conhecidos pela história e os espécimes produzidos por esses métodos que não se faz necessário qualquer esforço especial para distinguir entre os dois. A evidência fornecida por esses assuntos sujeitos a investigação — espetáculos psíquicos, hipnoses, drogas que alteram a mente, exercícios de respiração e outras formas de loga — por mais comuns que possam ser, tenderiam a fornecer material que capacitasse os homens de ciência a apresentar seus pontos de vista sobre esse domínio ainda inexplicado. Mas, desde que sabemos que, através de todo o curso da história, os místicos têm sido reconhecidos como pessoas dotadas de todos esses poderes e faculdades que os cientistas agora investigam, isto é, como poderes psíquicos, incluindo telecinésia, clarividência, precognição, cura, estados alterados de consciência, condições de transe com diminuição da respiração e da pulsação, e outras coisas desse tipo, por que a experiência mística não deveria formar a raiz principal da pesquisa, passando as outras a ocupar um lugar subsidiário?

Com a expansão da pesquisa, que agora se estende por mais de noventa anos, quanto aos fenômenos psi, chegamos mais próximo do entendimento da força responsável por eles? Acaso algum curador psíquico, algum evocador de espíritos, algum médium físico, algum clarividente, algum perito no controle da respiração, algum iogue etc., foi capaz de especificar que força está agindo nele? Não costumam eles atribuir geralmente seus dons e proezas extraordinários a um controle (como o demônio de Sócrates), à concentração da mente, à Pranaiama, ao favor de um guru, à graça divina e a outras coisas assim? Pela franca declaração feita por pessoas de todas essas categorias durante as várias décadas passadas, é óbvio que nenhuma delas foi capaz de fornecer uma explicação racional e convincente para seus feitos, ou demonstrar apurado conhecimento do poder que nelas trabalha. Esse estudo — do qual temos numerosas narrativas e confissões pessoais que cobrem muitas décadas — não é o bastante para convencer os sábios investigadores de que devem procurar a explicação em outro lugar, e não trabalhar num sulco já feito na exploração de um mistério que intrigou todos os grandes intelectos do passado, por todo um período histórico? Como podem os sujeitos desses fenômenos extraordinários, eles próprios mistificados pelo fato, esclarecer os homens de ciência que investigam suas surpreendentes ou fantásticas demonstrações?

Uma Nova Dimensão da Matéria e da Consciência

Estou interessado no assunto por várias razões. É mais do que tempo, agora, para que os cientistas aceitem a existência da bioenergia (*prana*), a força inteligente que está por trás de todas as ações e reações químicas de um organismo biológico. Tratamos aqui com uma nova dimensão da matéria e da consciência. Os experimentos feitos na Rússia, e em outros lugares, para localizar a bioenergia (aparentemente a energia cósmica orgone, de Reich) ainda se encontram num estágio muito rudimentar, mas, como sempre aconteceu na esfera do conhecimento, se a idéia está apoiada em bases sólidas, os experimentos terão sucesso e o esquivo agente um dia será localizado.

O que eu sugiro é que a investigação da Kundalini oferece uma forma das mais práticas de estudar a ação da bioenergia nos processos de transformação postos em movimento em alguém no qual a Serpente do Poder foi despertada. Temos numerosos exemplos históricos que mostram que a conversão e a transformação da consciência são possíveis sob certas circunstâncias. Mas, como acontece isso? Quais são os fatores biológicos responsáveis por esse fato? Presentemente não temos meios de saber. Os livros sobre Ioga — hindus, chineses ou tibetanos — atribuem isso ao controle da mente, à respiração, à energia reprodutora. Verifiquei isso amplamente em mim próprio, e outros também fizeram o mesmo. Onde está, pois, a dificuldade de fazer dessa antiga tradição — que há centenas de anos existe tanto no Oriente como no Ocidente — objeto de estudo de alguns sábios para averiguar a sua validade? Como podem cientistas de mente aberta rejeitar uma possibilidade que foi aceita por inúmeros povos do passado, incluindo eminentes filósofos e místicos, e fazer um julgamento sem mover um dedo sequer para averiguarem os fatos?

Minha humilde contribuição para essa antiga tradição (não uma hipótese especulativa, mas o resultado direto de minha própria experiência) é a de que esse reservatório adormecido de bioenergia não é responsável apenas pela experiência mística e pelo ainda desconcertante fenômeno psi, mas é também o até agora não-localizado e ainda discutido mecanismo da evolução em seres humanos, bem como a nascente dos gênios e do extraordinário talento. Que há nessa, digamos, suposição, para causar reações de incredulidade e cetismo vindas da ciência mentalmente imparcial? A única razão é que essa idéia está tão afastada do pensamento atual de um cientista padrão a ponto de se fazer inaceitável. Vindo de um cientista, ela teria valor. Isso porém não significa que o que estou afirmando, sem ser cientista, não tenha os germes de uma descoberta científica ainda insuspeitada.

Tomemos como exemplo os estudos dos fenômenos do sono. Há apenas duas décadas, algumas das impressionantes descobertas agora feitas não só eram desconhecidas, mas nem sequer poderiam ser imaginadas. Mesmo com todas as pesquisas feitas até agora, o mistério da fase REM, peculiar aos mamíferos, continua insolúvel. Deve haver alguma sólida razão por trás disso. Nós ainda estamos na beira do mistério da vida, e nada pode ser mais prejudicial para o estudo da mente e da consciência, ou percepção, do que a atitude de portas cerradas às novas idéias e opiniões, que podem parecer não estritamente científicas por um momento, ou podem não se revestir da linguagem da ciência. Tem sido observado que a privação do sono REM, por um período de vários dias sucessivos, tem um efeito tremendo não só nas pessoas, mas também nos animais. Eles tornam-se anormais e comportam-se de forma estranha. Nos seres humanos ocorre falta de atenção e esquivança ao trabalho. Um homem de caráter firme pode tornar-se irresponsável e loquaz, comportando-se de uma forma que jamais assumiria em seu estado normal. Estou muito interessado no assunto porque, tal como a privação do sono REM cria certas condições anormais na mente, da mesma forma a privação de um ambiente saudável, num estado avançado da evolução humana, cria tendências anormais na mente humana, impossíveis de remediar, a não ser que o ambiente mude.

O Que Está por Baixo da Presente Sublevação Social?

A Kundalini é a guardiã da evolução humana. Tradicionalmente, ela é conhecida como Durga, a criadora, Chandi, a feroz, sedenta de sangue, e Kali, a destruidora. É, também, Bhajangi, a serpente. Como Chandi ou Kali, tem uma guirlanda de crânios em volta do pescoço e bebe sangue humano. Que pode haver de divino atrás dessa hedionda descrição? Que terá levado os antigos Mestres a fazerem tão horripilante retrato da deusa? É verdade que, tida ao mesmo tempo como criadora e destruidora, no sentido cosmológico, ela só podia ser representada sob um aspecto terrífico quando no segundo papel. Então, por que a serpente que pica, por que Chandi, a feroz? Há uma profunda significação, não apenas nesses terríveis retratos da Shakti (energia divina), mas também em muitos outros rituais e cerimônias do culto tântrico, assim como em outras formas de iniciação ao culto. O poder, quando despertado num corpo não sintonizado com ele pelo auxílio de várias disciplinas, ou por não estar geneticamente maduro para tanto, pode levar a terríveis estados mentais, a quase todas as formas de desordem mental, desde aberrações pouco notadas até as mais horríveis formas de insanidade, do estado neurótico ao paranóico, à megalomania, e, por causar uma torturante pressão nos órgãos da reprodução, a uma insaciável sede sexual que nunca se aplaca (ver Capítulo 6). Não estou falando de um conto de fadas evocado pela minha imaginação, mas senti a dura realidade desse fenômeno ainda pouco conhecido, não só em mim mesmo, mas nos casos de dezenas de outras pessoas, tanto na Índia como fora dela, e tratei de algumas dessas pessoas, devolvendo-lhes a sanidade mental e a saúde. Que uma equipe de cientistas de mente aberta, a serviço do conhecimento, peça, usando de ampla publicidade, histórias pessoais de quem tem ou teve ou está tendo experiências com a Kundalini, na Europa, na América, no Oriente, e o resultado, estou seguro, será uma torrente de cartas de pessoas de todas as esferas e condições sociais. Muitas delas, sem dúvida, serão ficção de histéricos e desequilibrados, mas ainda restará uma ampla porcentagem de casos autênticos que, investigados, podem oferecer incontestável evidência do que eu digo.

O fato de que as práticas da Hatha Ioga podem levar à

insanidade é largamente conhecido na Índia, e, até certo ponto, no Ocidente. O termo *mastana*, em persa, e *avadhoot* em sânscrito, é aplicado a um iniciado cuja entrada para uma dimensão superior de consciência é acompanhada da perda do sentido mundano até o ponto de ficar esquecido do seu comportamento, ou, em outras palavras, é aplicado ao que, alcançando percepção superior, perde o controle sobre si próprio. Casos desse tipo podem ser encontrados na Índia, e, provavelmente, em outros lugares. Toda essa associação da Kundalini e seus resultados com possíveis desordens mentais, durante o curso da prática e mesmo mais tarde, pode significar, definitivamente, mesmo que sejamos incrédulos para outras coisas, que a prática da Hatha Ioga ou o despertar da Serpente do Poder pode ter tal efeito drástico sobre o corpo e o cérebro a ponto de produzir a desarticulação da razão em alguns dos praticantes. Fora de qualquer outra consideração, acaso essa idéia não representa um forte incentivo para um cientista bastante interessado iniciar uma investigação sobre esse tipo de Ioga? Se a prática ou o alegado despertar do poder, em alguns casos, podem levar à psicose, vistos por outro ângulo, não será possível que o despertar espontâneo do poder, conseqüência de fatores genéticos num sistema desajustado, se torne causa fértil para muitas formas de insanidade e outras desordens nervosas mentais?

A Beatitude de Ananda

"Perfeito, extraordinariamente doce e belo, encantamento da alma, ininterrupto fluxo de palavras (faladas ou escritas) manifesta-se de todos os lados neles (devotos abençoados com o gênio) que te mantêm, o' Shakti (energia) de Shiva (consciência universal), o destruidor de Kamadeva (Cupido), constantemente em sua mente", diz-se em *Panchastavi*, um trabalho altamente esotérico sobre a Kundalini (3.12). "Eles te vêem brilhante, com o imaculado, pálido lustro da lua na cabeça, sentada em refulgente trono de lótus, faiscante pela branca refulgência da neve, salpicando de néctar as pétalas dos lótus, tanto na *muladhara* (a raiz-centro próxima do órgão da geração) e *Brahma-Randra* (a cavidade de Brahma, na cabeça, correspondente à cavidade ventricular)."

Apesar de saber que qualquer alusão a um trabalho antigo de caráter religioso é anátema para alguns eruditos que pensam, como os intelectuais de várias civilizações desaparecidas do passado, que alcançaram o fim do conhecimento, reproduzi, de propósito, esse verso de um trabalho que tem mais de mil anos de idade, para mostrar que aquilo que digo tem evidência comprovada no passado. O verso menciona o dom do gênio, e, o que é mais importante, o fluxo de uma brilhante radiação e os poderosos fluidos geradores que vêm do chacra muladhara, isto é, da região reprodutora, e vão para o cérebro através da coluna vertebral. A linguagem é metafórica, mas as alusões são claras, sem a mínima sombra de dúvida. A radiação faiscante é branca como a neve. Às vezes é comparada com a cânfora, outras vezes com o leite. A ambrosia é a secreção reprodutora, nectárea, que, no auge do êxtase, derrama-se no cérebro provocando uma sensação tão intensamente agradável que, diante dela, mesmo o orgasmo sexual torna-se insignificante. Essa sensação inacreditável, arrebatadora — que impregna toda a coluna vertebral, os órgãos da geração e o cérebro — é o incentivo da natureza ao esforço dirigido à autotranscendência, tal como o orgasmo é o incentivo para o ato reprodutor. No estado posterior, a sensação cessa e uma percepção perenemente beatífica torna-se uma disposição permanente, ou ocasional, na vida do iniciado vitorioso.

A beatitude de ananda, repetidamente mencionada nos manuais de Ioga e em outras tradições da Índia, refere-se à percepção arrebatadora criada pelo fluxo de bioenergia retirada dos nervos que alimentam o sistema reprodutor, e que se espalha por toda a estrutura humana. São os nadis dos manuais de Hatha Ioga e Raja Ioga. O que distingue essa bioenergia daquela que normalmente alimenta o cérebro é o fato de a primeira aparecer como uma radiância luminosa na cabeça, difundindo-se em torno do corpo. Quando a atenção é dirigida para o interior, ela se espalha amplamente, revelando um mundo vibrante de vida fulgente, intensamente bem-aventurada. A atenção concentrada num só ponto pelo escritor de talento, pelo poeta, o músico, o cientista, o pintor, ou o pensador, e as formas de intensa absorção sentidas durante períodos criativos, acompanhadas de sentimento de satisfação, e mesmo de alegria, que cada mente criativa sente em seu trabalho, dependem, ambas, da operação da Kundalini. A criança dotada que deixa seus jogos, ou outros divertimentos, e fica absorvida por um livro, um trabalho de arte, ou um experimento, está abençoada com emanações que vêm da mesma fonte. Na experiência mística, no estado de beatitude, na transcendência do Samadhi, a mesma bioenergia, ao correr para cima num fluxo muito mais poderoso, cria os transportes de inexprimível beatitude e o estado intensamente absorto de êxtase.

Kundalini: a Alavanca Biológica

A paz e a beatitude, e também o aumento da capacidade criativa sentidos por alguns dos que praticam formas saudáveis de Ioga, devem sua origem à Kundalini. O bem-estar físico e mental, e também a cura de várias indisposições às vezes efetuada, são, com freqüência, devidos ao seu trabalho regenerador. Não há esfera da atividade e do pensamento humano na qual o impacto desse aparelhamento evolucionário não seja sentido. Desde que o mecanismo seja identificado, não haverá estudo científico tão extenso e mais carregado de importantes conseqüências para a humanidade do que esse. Ele é o manancial de tudo quanto é produtivo, nobre, heróico e sublime no homem. O corpo humano, com sua formação extremamente complexa e com as suas muitas funções e processos ainda não explorados, particularmente aqueles que ocorrem no cérebro e no sistema nervoso, ainda é um enigma para a ciência.

Os métodos modernos de pesquisa, mais elaborados, estão trazendo à luz novos fatos, novos dados, que antes não eram sequer suspeitados. Há muitos cientistas eminentes, engajados no estudo da Ioga, que ficam surpresos, e mesmo incrédulos, diante do domínio sobre o subconsciente e sobre os ritmos metabólicos do corpo evidenciados por alguns iogues que alcançaram o controle sobre seu sistema nervoso automático. Essa possibilidade tem sido conhecida e posta em uso há milhares de anos, na Índia, mas é uma experiência surpreendente para a ciência moderna. Da mesma maneira, o mecanismo psicossomático da Kundalini, a alavanca biológica em todas as formas de Ioga, com suas implicações e possibilidades, foi conhecido e posto em uso na Índia, constantemente, por milhares de anos, desde o tempo da civilização do vale do Indo. Essa cultura, como o demonstraram recentes investigações, teve animado intercâmbio, no comércio e na cultura, com a América da época, e foi, possivelmente, o iniciador do cultivo do algodão na costa peruana, mais de dois mil anos antes do nascimento de Cristo, séculos antes que esse cultivo fosse empreendido no Egito. Mencionei isso para mostrar que as referências à Kundalini, na escritura maia dos Zunis, chamada Popol Vuh — e onde lhe dão o nome de "Hura-Kan", ou relâmpago, deve ter, também, origem hindu. No Egito, a pequena cobra no toucado dos faráós tinha a mesma significação.

Há indiscutíveis referências à Kundalini na Bíblia. As circunstâncias relativas ao nascimento de Cristo têm alguns aspectos em comum com as que se relacionam com o nascimento de Krishna, o senhor dos iogues, que, em sua infância, dança sobre a cabeça de uma cobra venenosa, Kali-Naga, isto é, a Serpente do Poder. Parece-me irônico que um culto tão antigo, tão amplamente difundido a ponto de se fazer global, e tão apoiado pela evidência de alguns dos mais elevados intelectos do mundo, inclusive Platão, Shankaracharya, Lao-Tsé e outros, devesse ser um livro fechado para a *intelligentsia* do nosso tempo. Tal como as demonstrações de controle do corpo, feitas pelos iogues, também foram um livro fechado para a ciência, a investigação sobre a Kundalini tende a se fazer experiência ainda mais assombrosa para os cientistas que empreendam essa pesquisa nos excitantes dias que virão.

Acaso os fenômenos físicos, exibidos sob condições de testes por indivíduos dotados de faculdades psi, não representam um enigma inexplicável para a ciência? E os próprios cientistas não estão divididos, no caso dos fenômenos psi, e mesmo do próprio fenômeno da vida? Assim, enquanto para Jacques Monod a existência do homem é o resultado de um acidente, para *Sir* Alister Hardy, outro eminente biólogo, a pesquisa física sugere que uma visão dualística do homem é muitíssimo possível, e que há bastante evidência empírica para apoiar a crença numa "chama divina", que impregna o universo e é acessível à mente indagadora do homem. Apesar das realizações de médiuns físicos, como Eusápia Paladino,

Daniel Douglas Home, Rudi Schneider e de outras pessoas dotadas, como Edgar Cayce, e apesar do testemunho de eruditos e cientistas eminentes, como William James, Henri Bergson, C. D. Broad, William McDougall, *Sir* Oliver Lodge, e mesmo Carl Jung, a atitude dos acadêmicos em relação à mente e à consciência dos fenômenos associados à religião e ao sobrenatural ainda é, no todo, indiferente. A pesquisa que agora está sendo feita na Rússia, e sobre Uri Geller e outros na América e na Europa, bem como sobre iogues na Índia e sobre curadores psíquicos em outras partes do mundo, estes últimos usando, segundo se diz, facas comuns nas mãos nuas para grandes operações, não tende a parecer mais decisiva no estabelecer o caso, pela simples razão de que as forças misteriosas que ficam por trás desses fenômenos notáveis não estão sujeitas ao controle humano e, portanto, continuarão à espera de uma identificação por qualquer dos meios adotados pela ciência.

Essa atitude indiferente para com os casos de fé, por parte dos cientistas em geral, e a divisão entre as fileiras dos eruditos quanto à validade dos fenômenos psíquicos, é, porém, carregada de graves conseqüências para as massas, que não têm tempo nem acuidade mental para alcançar o fundo do problema, ou separar o verdadeiro do falso. A pressão irresistível do processo da evolução cria uma sede ardente de autoconhecimento, prelúdio natural para a entrada em outra dimensão de consciência. Se, buscando orientação, os que são atormentados por essa sede encontram uma lacuna quando se voltam para os eruditos, ou, no máximo, deparam com uma dose indigerível de polêmica, que outra alternativa lhes resta senão a de voltar-se para aqueles que dizem ter conhecimento desse assunto sublime, sejam eles quem forem? Sua revolta deriva de terem sido frustrados em seu desejo de conhecer a significação da vida. De que forma os modernos psicólogos avaliam essa revolta que ainda está ganhando impulso? Histeria, repressão, desejo de realização, impulsos inconscientes e incontroláveis, ou o quê? Em qual das suas categorias prediletas classificam eles essa quase universal onda de desilusão quanto aos valores e ordens estabelecidos, e a tormentosa fome de uma vida mais satisfatória, espiritualmente orientada? Será, inconscientemente, a ameaça à sua sobrevivência, feita pelos arsenais nucleares do mundo, que está na base do seu inexplicável comportamento mental?

Recentemente, em Srinagar, recebi a visita de um jovem inteligente, filho único de um abastado americano, e ele me disse que preferia a vida calma de meditação e autopesquisa ao luxo e à grande riqueza. Há milhões de homens e mulheres jovens pensando dessa mesma maneira. Não se está vendo nessa rebelião o mesmo que aconteceu na Índia, há milênios, quando Buda deixou seu reino por uma floresta? O impacto crescente das forças da evolução cria uma sensitividade que se recusa a permanecer subserviente a uma forma de vida mecânica. Querem saber como os sábios da antiga Índia enfrentaram praticamente a mesma situação mental, depois de algumas centenas de anos de influente vida civilizada? Dividiram o prazo da vida humana em quatro partes, reservando as duas últimas, que se iniciavam à beira dos cinqüenta anos, para a indagação do eu. Durante o terceiro período, moravam numa floresta, mesmo acompanhados de suas esposas. Mantidos por seus filhos, dispensados dos demais deveres da vida, mergulhavam na meditação e em outros exercícios espirituais.

Tomando um Ponto de Vista Planetário

É preciso olhar o caso da evolução humana de um ponto de vista de uma eternidade, de um ponto de vista planetário, abrangendo toda a história da civilização da humanidade, e não só da visão ainda extremamente estreita da ciência. O homem não pode viver para sempre feliz em arranha-céus, com carros, aeroplanos, aparelhos de televisão, rádios, computadores e outros produtos da tecnologia, nem continuará por muito tempo a sentir-se impressionado com as excitantes descrições dos astrônomos e dos exploradores do espaço, como acontece hoje. Haverá um ponto de saturação, com as repetidas doses do mesmo material, se a questão principal não for respondida, e essa questão orbita em torno do próprio eu. Já estamos vendo os sinais da saciedade. Se os cientistas não saírem de sua estreita órbita atual e não pararem de repisar o mesmo velho refrão, não estará distante o dia em que o mais dogmático dentre eles não terá a menor influência sobre uma sociedade rebelada. Isso está começando a acontecer, mesmo agora. As conseqüências disso são catastróficas para legiões de pessoas. Estarão os milhões que tomam drogas e fazem uma vida de ociosidade preparados para ouvir a razão ou a análise de um psicólogo? O que os adeptos da antiga Índia compreenderam claramente e, prudentemente, tomaram providências a respeito, os modernos líderes do pensamento, por causa de uma atitude mental falseada, deixaram de captar e salvaguardar em tempo. O resultado é que a vida de milhares de adolescentes, que mal podem decidir por si mesmos, foi atraída para um turbilhão do qual é muito difícil resgatá-los. Um trapaceiro que priva dolosamente uma pessoa de um só dólar que seja é criminoso aos olhos da lei; mas, que dizer do impostor que atrai vidas inocentes, incapazes de julgar por si mesmas, para uma vida errante, indolente, orgíaca e infrutífera, sob o falso pretexto de conhecimento espiritual?

Há centenas de milhares de jovens, homens e mulheres inteligentes, que sofrem um insuportável tormento e suportam uma degradante pobreza por suas idéias erradas. Mas, com o mundo intelectual completamente dividido nesse caso, como podem eles ser ajudados? Tendências irracionais no pensamento e crenças irreais, que não poderiam ter encontrado aceitação por parte dos segmentos inteligentes da sociedade, mesmo nos tempos medievais, são cultuadas com religiosa reverência por multidões, prontas a colocar sua fé em qualquer coisa que os retire do irracionalmente "racional" pensamento científico e mecanicista da hierarquia empírica do nosso tempo. Diante da crescente evidência que mostra a possibilidade de outras interpretações do cosmos e de outras explicações para a vida, o monótono sussurro dos homens da ciência, mesmo eminentes, sobre velhas idéias e opiniões, é quase enjoativo, e não causa admiração o fato de que já se tenha iniciado um movimento impulsivo contra esse racionalismo. As narrativas, incrivelmente fantásticas, sobre os feiticeiros do Brasil, os iogues hindus, os adeptos tibetanos, algumas das quais se tornaram, instantaneamente, *best-sellers*, levando os leitores para mundos irreais de fantasia, magia e mito, mostram, indiscutivelmente, uma transformação na atitude do público leitor. As pessoas que assim lêem estão procurando ver corroboradas suas próprias e crescentes tendências antimecanicistas e anti-racionais da mente. Gostam de ouvir contos de fadas da moderna *Mil e Uma Noites*, que os arrastem para fora do inflexível ciclo de pensamento racional, num universo onde são severamente levados a crer que não passam de minúsculos dentes na engrenagem de uma gigantesca máquina social, nada mais do que membros individuais de uma colônia de formigas.

Os feiticeiros brasileiros, os mestres iogues da Índia e os adeptos tibetanos, capazes de incríveis feitos, nunca aparecem pessoalmente em cena. Ninguém os vê face a face nem possui seu endereço exato. Nem são solicitadas verificações das histórias contadas. Sejam imaginárias ou reais, eles servem ao seu propósito de entreter a mente faminta durante algum tempo, e isso é o bastante. Uma coisa é certa: eles jamais serão vistos ou examinados. Mas isso não importa. Conforme diz um dos admiradores de Carlos Castañeda, se o caso é uma verdade documentada, então Castañeda é um grande antropólogo; se é uma história imaginária, então ele é um mestre da ficção científica. Em qualquer dos casos, ele vence. Como podemos refutar esse argumento? Outra história ou aventura ainda mais fantástica pode estar ali adiante, provocando nova sensação e nova pesquisa. Como se pode curar o apetite por essas histórias fantásticas do oculto e do sobrenatural, essas peregrinações mentais pelo mundo do iogue fazedor de milagres, do feiticeiro e do mago? Elas persistirão através da história. Os mitos primitivos, dos quais uma interpretação totalmente diferente foi dada pelos psicólogos freudianos, devem sua origem ao mesmo impulso da mente humana. O surgimento súbito desse apetite pelo irracional e o fantástico, numa época estritamente racional, contrariando os cânones da ordem estabelecida, empresta dimensão nova a esse impulso, que nunca poderia acontecer numa sociedade primitiva. Qual é, porém, a razão desse estímulo misterioso, dessa busca do extraordinário, do estranho, do fabuloso, que está sendo feita pela psiquê humana? Aonde isso irá levar os pesquisadores de hoje?

Um Impulso que Leva à Compreensão

Nova orientação e novo estudo são necessários à ciência, se uma catástrofe tiver de ser evitada. Todo um universo de incríveis maravilhas existe na consciência do homem. Cada incentivo para ouvir o que é místico, fantástico e fabuloso vem de dentro. Cada impulso para explorar o fantástico, o sobrenatural e o estranho surge das insondáveis profundezas da consciência. Os cientistas e eruditos que se dedicam a esse estudo têm esse impulso mais marcado do que os demais. Eles persistem em investigações, às vezes mesmo contra os sorrisos incrédulos e contra o sarcasmo de seus colegas incorrigivelmente céticos, nos quais o impulso, por várias causas que serão discutidas em pormenor em outro lugar, está total ou parcialmente ausente. Uma mulher frígida olha com desdém para a natureza apaixonada de uma amiga, e muitas vezes se considera superior a ela, esquecendo a própria carência.

Portanto, os que, como a mulher frígida, se orgulham de sua inflexível atitude terra-a-terra, a despeito de convincente testemunho em contrário, revelam uma falta de interesse suficiente pelo "numinoso", que é a necessidade prévia para a experiência mística e o transe beatífico. Eles não compreendem a própria deficiência, como Bertrand Russell, que, quando posto diante da ponderável evidência oferecida pela pesquisa psíquica para algum tipo de sobrevivência, observou que, embora a evidência psíquica fosse bastante forte, a evidência biológica contra a sobrevivência ainda era mais forte. Que evidência biológica? Acaso havíamos chegado ao fundo da biologia, em seu tempo, ou lá chegamos mesmo agora? Não há novos níveis ultramicroscópicos, e novas energias de vida jamais pensadas, que aos poucos vão-se modelando com os métodos e instrumentos de pesquisa mais sofisticados dos dias atuais? Então, o que está por trás dessa atitude negativa, quando a investigação ainda não atingiu seu estágio decisivo? A atual rebeldia nasce de golpes mortais dessa espécie, atirados contra a aspiração do homem. Já que o estado transcendental da consciência é a meta da evolução da humanidade, a falta de interesse pelo "numinoso" e pelo "divino" denota uma esterilidade que volume algum de "intelectualismo" pode compensar.

Ceticismo, apatia e frieza por parte de cientistas e eruditos de destaque, em relação a esse assunto, é coisa perigosa, porque, privadas de resposta ou orientação apropriada, as multidões que procuram ansiosamente irão para o outro extremo, como já começaram a fazer, e preferem a extrema credulidade ao excessivo positivismo. Um relancear de olhos pelos livros, revistas, brochuras e jornais sobre assuntos psíquicos ou ocultos, publicados em todo o mundo, não deveria deixar dúvidas de que, apesar da reserva dos líderes do pensamento, as massas estão-se reunindo em incontáveis sociedades, seitas, fraternidades e grupos, para aventurosas incursões no oculto. Quem irá evitar que façam isso? Agora, vários cientistas e eruditos, levados pelo entusiasmo delas, estão-se juntando às suas fileiras. Usam, mesmo, trajes amarelos e roupas de aspecto estranho, para proclamar, agressivamente, sua participação. Se a posição atual continuar, dentro de uma ou duas décadas poderá ocorrer uma sublevação também nas fileiras dos cientistas, não só nos estados capitalistas como nos estados comunistas, porque a presença das forças da evolução é irresistível. Uma das provas do que digo está nesse fermento crescente, na fusão de interesses individuais de consciência através do mundo, formando-se lentamente para um temporal, a não ser que uma ordem social e uma forma de pensar novas, espiritualmente orientadas, venham a existir antes que ele estoure e o dano seja causado.

O que afirmo pode parecer extraordinário e fantástico para os ultraconservadores, mas não é tão fantástico quanto a realidade. A negação da Divindade envolve a negação da mais excitante aventura e da mais impressionante festa mental possível para o homem. O campo magnético que atrai a agulha da mente, para voltar-se sempre em direção da felicidade, é a própria alma. A inexaurível mina de maravilhas, de poderes sobre-humanos, de proezas mágicas, de dons paranormais, de visões sobrenaturais, de misteriosos descobrimentos e realizações miraculosas é somente consciência. Seja qual for a abordagem do sobrenatural, do oculto, do divino, a meta decisiva permanece a mesma, porque a alma jamais repousará enquanto não tiver a visão beatífica de si mesma. Os que procuram a Ioga, ou qualquer outra prática oculta ou disciplina espiritual, mesmo que ganhem certa porção de calma e de intuição mais profunda do que antes, ainda continuarão a tentar métodos e disciplinas até que a Luz Suprema desça sobre sua experiência. Só então a busca do intelecto repousa. "Aquilo em que a mente encontra repouso, aquietada pela prática da Ioga, aquilo em que o homem, vendo o Eu pelo Eu, no Eu, fica satisfeito", diz o Bhagavad Gîtâ (6.20 e 21), "aquilo em que ele descobre o Supremo Deleite que a razão pode captar além dos sentidos, onde, estabelecido, ele não se afasta da realidade... isso deveria ser conhecido com o nome de Ioga, essa desassociação da união com a dor. A essa Ioga é preciso que se agarrem com firme convicção e com a mente livre de desânimo."

A Lição do Almiscareiro

Os adeptos hindus comparam a exteriorização da inquieta busca da mente, correndo para esta ou para aquela direção ao encontro do sobrenatural, do numinoso, às cabriolas de um almiscareiro, que, não percebendo que o odor nasce em seu próprio umbigo, galopa daqui para ali, à procura dele. Dê a volta que der a presente corrida para a Ioga, para o Zen, para o Sufismo, para as drogas, para os fenômenos psi, para os poderes ocultos, para os dons psíquicos, para o espiritualismo, para os mantras, e seja qual for a procura de iogues, mestres, adeptos, magos, feiticeiros, o resultado final dessa pressa e dessa febre, estou seguro, será o mesmo — o desenvolvimento de métodos cientificamente orientados de autoconhecimento, o alvo definitivo de toda a busca espiritual empreendida por qualquer santo iluminado, ou por qualquer vidente do passado. Posso, com segurança, predizer que as fileiras mais jovens de cientistas verão essa revolução chegar. Estou confiante nisso porque os fenômenos que testemunhamos em muitas regiões da terra devem estar baseados numa causa comum, devem ter um fator comum subjacente no organismo psicossomático do homem. Não é possível que se trate de um fato ocasional, pois tem repetidos precedentes históricos, e mesmo hoje há aproximadamente seis milhões de ascetas mendicantes (Saddhus) percorrendo diferentes regiões da Índia, e empreendendo, exatamente, a mesma busca. A causa psicossomática é a Kundalini. A fome pelo sobrenatural e pelo divino, ou pela exploração interior, nasce da pressão do cérebro, tal como a fome do conhecimento carnal brota da pressão dos órgãos reprodutores. Eu só desejo, fervorosamente, que, devido a uma maior indiferença ou vacilação por parte da comunidade intelectual, isso não venha a arruinar ainda mais vidas, a destruir carreiras, a desfazer laços de família, tal como está acontecendo agora.

O conceito tradicional expresso no verso do Panchastavi, já reproduzido, refere-se a Shiva, ou à consciência universal, como destruidor de Kamadeva, isto é, de Cupido. Isso tem profundo significado. Num sistema saudável e harmonioso, quando do despertar da Kundalini, um fluxo constante de energia reprodutora sublimada, em ondas radiantes, sobe para o cérebro, causando um estado inexprimível de êxtase, e uma excitante, maravilhosa transformação da consciência. A pressão dos órgãos da geração é instantaneamente libertada e o apetite sexual diminui ou desaparece por completo. Por esse motivo, muitos místicos levam vida celibatária e mostram aversão pelo casamento e mesmo pelas livres relações com membros do outro sexo. Houve, também, místicos e iogues que tiveram vida de casados, com filhos, mesmo depois da iluminação. Muitos videntes dos Upanixades, e a maior parte dos sábios védicos, foram homens e mulheres casados. Há claras referências nos trabalhos dos conhecidos filósofos Achinava Gupta e Shankaracharya, a Urdhava Retas, isto é, à capacidade obtida pelos iogues adiantados de levar a essência reprodutora até Brahma-Randra, no cérebro. Os livros sobre Hatha Ioga e sobre os Tantras muitas vezes aludem a esse estado. Os tratados chineses e tibetanos sobre Ioga e meditação também incluem detalhadas descrições e métodos para alcançar essa condição.

A questão é a seguinte: todas essas afirmativas e declarações são simples vôos da fantasia ou há fundamento sólido por trás delas? Somente na Índia há evidência incontestável mostrando que a crença nesse culto e sua prática têm persistido por não menos de cinco mil anos. A evidência no Tibete, na China e no Japão, estendendo-se também por milhares de anos, torna essa posição quase inexpugnável. O sistema de Hara, no Japão, também acredita na existência de um reservatório de poder situado abaixo do umbigo. Podemos rejeitar todo esse testemunho como idiota, supersticioso ou ilusório?

Se não podemos, o que temos feito para estudar esse fenômeno? O primeiro e último propósito da Ioga, segundo livros muito antigos e autorizados sobre o assunto, é estimular os chacras (concentração de nervos) do sistema cérebro-espinhal, a fim de ativar a Kundalini. É trágico que alguns cientistas de mente aberta e grandes conhecimentos, no momento engajados no estudo da Ioga, mostrem carência de percepção em relação a esse fato. Tanto Shivananda como Vivekananda, dois dos mais notáveis expoentes da Ioga dos tempos atuais, fazem alusões, em seus livros de Ioga, a "ojas" ou energia sexual sublimada, que alimenta o cérebro em estados transcendentais de consciência. Na prática da meditação, todos os grandes mestres enfatizam a necessidade urgente de evitar que a sonolência, a modorra, os pensamentos errantes, os devaneios, o vazio, o estado nebuloso, ou semi-acordado não permitam que o esforço tenha o impacto certo sobre o cérebro. Sempre se soube na Índia que o afrouxamento da garra sobre a mente durante a meditação pode levar à auto-hipnose, e mesmo a outras condições psíquicas indesejáveis. O iogue deve aprender a concentrar-se no divino ou na imagem de Deus ou de outra deidade, ou mesmo no centro do corpo, como, por exemplo, o umbigo ou o coração, ou num mantra, mais intensamente do que o matemático ou o cientista se concentram num problema. Tratarei melhor deste caso em outro trabalho, apoiado em autoridades do passado. Aqui, é suficiente mostrar que, seja qual for o método de meditação, a corda somática que é tocada e levada a vibrar é a Kundalini. Essa é a razão do erotismo relacionado com o misticismo, tanto no Oriente como no Ocidente.

Explicar o Inexplicável

A primeira coisa que deveria impressionar um cientista agudamente observador, quando se depara com certos fenômenos relacionados com a Ioga, seria saber se os feitos podem ser repetidos de alguma outra forma, como, por exemplo, com a hipnose e a auto-sugestão. Se uma explicação baseada na hipnose não é possível, como, por exemplo, no estado perene de êxtase acordado atribuído a Ramana Maharshi e a muitos outros santos, na clarividência, na presciência e em outras faculdades paranormais, então, o ponto a ser discutido é como, digamos num organismo estritamente condicionado, que tem estado constantemente sob a observação de cientistas do passado durante centenas de anos, tanto em seu funcionamento normal como anormal, ocorrem possibilidades, em certos indivíduos dotados, inteiramente inexplicáveis em termos de categorias de conhecimentos científicos de que se tem notícia. Estes fenômenos não devem ser um fato ocasional, além do alcance de uma explicação racional, porque mostram similaridade e ritmo básicos que não podem ser atribuídos a ocorrências devidas apenas ao acaso. Isso não auxiliaria a investigação se, em vez de tatear no escuro e de tentar explicações absurdas, como às vezes fazem agora, assumíssemos uma possibilidade biológica no corpo humano, que não tem sido estudada ou sequer suspeitada até agora? Agindo de acordo com essa possibilidade, a primeira preocupação dos que se engajassem nessa pesquisa deveria ser a de fazer um estudo completo dos antigos documentos que tratam da Ioga, da experiência mística, do ocultismo, da alquimia, particularmente daqueles que advogam a existência de poderes ocultos no homem, e então fazerem a investigação empírica à luz do conhecimento conquistado com esse estudo.

Seria ocioso esperar um resultado mágico, instantâneo, dessa investigação. Essa atitude mental seria muito pouco científica. Nenhum indivíduo iluminado, através de todo o curso da história, foi capaz de fornecer explicação compreensiva e racional para o estado extraordinário da sua mente. Se algum erudito ou algum grupo de cientistas é da opinião de que qualquer mestre espiritual pode esclarecer essa posição da noite para o dia, esse indivíduo, ou esse grupo, jamais verão realizado o seu sonho. O mesmo esforço e dedicação que levam à descoberta das leis físicas da natureza são necessários, também, para desvendar os mistérios do espírito. Pode bem ser que o esforço e a dedicação para esse último trabalho devam ser ainda maiores, pois essa busca é primordial para o homem. Todas as outras investigações e todos os recursos desenvolvidos pela ciência são auxiliares, comparados com aquela. Sei que se trata de uma investigação colossal que talvez nunca chegue a um fim, pois cobrirá não só experiências religiosas e fenômenos psi, mas insanidade, neurose, gênio, e outras manifestações anormais ou extraordinárias da mente humana. Mesmo depois de dezenas de anos de incessantes experimentos, os enigmas existentes que desafiam a ciência ainda ficam sem resolução. É essa a posição relativa a problemas comuns e a acontecimentos que estão sempre presentes diante de nós, ou que se repetem continuamente, e que deveria ser o estado de investigação de misteriosos fenômenos que, não só se mostram raros e esquivos, como não tem, no momento, uma base física visível em que possamos enquadrá-los. Sou a última pessoa a desejar ser conhecido como um trabalhador miraculoso ou um adepto. Sou apenas um humilde ser humano, com muitas fraquezas e falhas, que — chamem a isso sorte ou providência divina — esbarrou num segredo que deseja partilhar com outros seres humanos. Não tenho a pretensão de possuir conhecimentos ou alguma alta distinção em qualquer ramo da arte ou da ciência. Vinda de um distinto cientista ou de um erudito, e apoiada em linguagem científica, com alguns salpicos de erudição, a mesma idéia poderia encontrar resposta instantânea, e mesmo aceitação, não pelos seus próprios méritos, mas por se associar a um nome de alta ressonância, ou usar um padrão familiar de linguagem. Faltando-lhe ambas as coisas, essa revelação, que, prevejo, formará o estudo mais importante e mais altamente reverenciado da nossa progênie, ainda está envolvida em esquecimento porque não dispõe de uma autoridade eminente que a proclame em voz alta.

A pergunta que me podem razoavelmente fazer deve referir-se à evidência empírica que posso apresentar em apoio do que afirmo. É possível demonstrar a existência da usina de força psicossomática da Kundalini para satisfazer um empirista? Minha resposta a essa pergunta, feita repetidamente, é afirmativa. Pode inferir-se, prontamente, que, se eu tivesse qualquer dúvida a respeito disso, não iria apresentar declarações positivas, mas tentaria esquivar-me e tergiversar. Por que me envolveria em controvérsia com eruditos e cientistas, em vez de me dirigir diretamente à multidão com uma história fascinante, ou mesmo muitas histórias, já que, para tanto, há material mais do que suficiente em minha experiência no plano da percepção superior e na esfera das minhas atividades no campo social, e, indiretamente, no campo político. Com um gasto mínimo de energia, eu poderia mandar meia dúzia de volumes excitantes para o mercado, apoiados em evidência impecável, para mostrar que não estou romanceando. Sei muito bem que não me serão feitas perguntas e, no clima que agora predomina na Europa e na América, eu poderia até recorrer à minha imaginação para compor histórias ainda mais impressionantes e animadoras, a fim de absorver os leitores. Sei que poderia ganhar, ao mesmo tempo, nome, fortuna, popularidade, e sei que seria muito mais procurado do que sou agora. Poderia fazer isso tudo, mas não o farei, por causa da rígida resolução que tomei — nascida de impulso espontâneo da minha rara experiência — de tornar esse poderoso segredo da natureza conhecido pelo mundo de modo a ser aceito como verdade universal, com apoio empírico, e se torne propriedade comum da humanidade toda, livre de fatores de personalidade, de cismas, de sectarismo, como todas as outras descobertas e realizações da ciência.

O principal fator de motivação para esse quadro mental é o atual estado de desespero do mundo. A entrada nas dimensões superiores da consciência dá à mente uma acuidade de percepção para o futuro. O que ela percebe é um quadro tão alarmante que eu desejo, de todo o coração, que a humanidade possa ser salva de tal horror por algum ato de graça. O mundo está com uma terrível necessidade de uma rápida abertura de caminho para a ciência do espírito. E o fenômeno da Kundalini, quando verificado, parece-me ser a única resposta para a ruptura e o dilema presentes. A revelação quando empiricamente estabelecida, salvaria milhões de seres humanos dos desastres e ruínas, dos enganos, fraudes, explorações, e beneficiaria incontáveis milhões mais a se decidirem por uma forma segura e saudável de saciar sua sede ardente do oculto e do divino.

Se Freud Tivesse Lançado um Olhar Para o Transcendental...

Um só psicólogo ou biológo distinto, ou mesmo um grande médico ou cirurgião, abençoado com a mesma experiência que eu tive, ou que conviesse em partilhar o que dizem os grandes místicos do passado, poderia contribuir para levar a uma revolução do pensamento, como fez Freud. Freud, contudo, deu ênfase excessiva, e mesmo errada, apenas ao aspecto da energia da vida, à que chamou libido. Esse impulso vital sexualizado é, em termos de psicologia freudiana, a pedra angular da vida humana. É o fundamento do caráter do homem, o alicerce rochoso de seus traços mentais, o guardião da vida da família, o manancial da poesia, do drama, do romance, da magnanimidade, o doador do gênio, a mola mestra do seu amor, da sua lealdade, do seu apego e devoção, o arquiteto da civilização, e, ao mesmo tempo, o demônio da sua inveja, ciúme, ódio e agressividade. Quando reprimida, desorientada ou frustrada, especialmente na infância, pode tomar a forma monstruosa de aberração mental, perversão, neurose e loucura. Talvez nenhum outro psicólogo tenha tido tão tremenda influência no pensamento da humanidade quanto Sigmund Freud. Não apresento eu a Kundalini, nos mesmos termos, sem os extremismos de Freud? Não é a Kundalini, também, a vida sexual em atividade? Chego mesmo a definir seu caráter somático. Onde está a diferença entre o que eu digo e o que é geralmente aceito por todos os psicólogos freudianos de hoje? O ponto principal da diferença é que para nós a libido ubíqua de Freud não é simplesmente o eros, porém muito mais, isto é, a fonte central da energia da vida, que tem ação tanto para a atividade de propagação como para a evolução. No momento em que isso for aceito, as angulosidades e os extremos da hipótese freudiana desaparecem. Os esforços frenéticos, mesmo mórbidos, feitos para interpretar tudo em termos de sexo, podem ser claramente atribuídos a um erro. Embora o efeito multifacetado do poderoso impulso sexual possa ser nitidamente observado em muitas esferas do pensamento e dos atos do homem, é evidente que outras influências também entram em movimento, como, por exemplo, a exigência de poder e de riqueza, o desejo de ter nome e fama, a sede de autoconhecimento, o atrativo exercido pelo sobrenatural e o oculto, e outras coisas assim, que modelaram profundamente a vida do homem.

Como a experiência mística e os conceitos de religião não se encaixavam em suas hipóteses, Freud dedicou-se, tranqüilamente, à tarefa de desarraigar todo o edifício da religião e do sobrenatural. Eles nada mais eram do que estados patológicos da mente, uma regressão à infância, um narcisismo que se apóia sobre uma ilusão para contentar a si mesmo. Essas formulações, como se pode ver claramente, têm tido um efeito pernicioso no pensamento de uma grande porcentagem de modernos psicólogos. Para muitos deles, é até difícil, agora, desembaraçarem-se das cadeias forjadas desde muito tempo para curvar sua mente, com firmeza, para a incredulidade e a dúvida. Tivesse Freud, como o Dr. R. M. Bucke, lançado ao menos um olhar para o transcendental, todas as suas normas de pensamento poderiam ter mudado e sua prodigiosa influência teria levado a um saudável revivescimento da ciência espiritual. Não está muito distante o dia em que a tendência transpessoal, já iniciada na psicologia e na psiquiatria, varrerá completamente a área profana dessa especulação. Não há respostas, em qualquer sistema de psicologia moderna, para o desafio lançado pela revolta das gerações que estão surgindo e para as inesperadas tendências do pensamento que encontramos nelas. O porquê da ocorrência dessa sublevação não é difícil de compreender. Todos sabemos o que acontece quando um sistema político se torna despótico e opressivo, quando um sistema social se torna exigente e corrupto, quando um sistema religioso se torna excessivamente autoritário e dogmático. Isso provoca a necessidade de revisão e de reforma. Os revolucionários políticos, os reformadores e os profetas surgem em cena. O velho sistema é derrubado, muitas vezes com terrível derramamento de sangue, com sofrimento e dor, e um novo sistema é instalado em seu lugar. O mesmo pode acontecer às tendências arbitrárias e dogmáticas no que se refere ao conhecimento. Pode ser uma revolução, que já está tendo início e que não se deterá até que modificações radicais sejam feitas. "A tentativa de combinar a sabedoria com o poder", disse Albert Einstein, "raramente teve sucesso, é, ainda assim, por pouco tempo."

Mesmo uma criança pode ver que a tentativa de interpretar todas as manifestações anormais ou paranormais da mente humana, puramente em termos da psiquê, é uma forma de explicar os fenômenos que nada tem de científica. O canal de expressão da mente é o cérebro. O que quer que a natureza da mente expresse, vindo do menor organismo para o homem, há, invariavelmente, um órgão biológico para expressá-lo. Quando aceitamos como natural que uma mente humana normal funcione através de certa estrutura orgânica do cérebro, o que nos leva a supor que suas expressões anormais ou paranormais possam ocorrer sem lhe causar mudanças apreciáveis? Na verdade, tais mudanças não foram e não são, ainda agora, claramente discerníveis, mas isso deveria representar um incentivo para que se criassem mais instrumentos sensíveis e métodos mais eficazes de investigação, e não, como Freud, para usar especulações, numa extensão fantástica, a fim de explicar os fenômenos. O que Freud fez, em seu tempo, alguns cientistas e psicólogos estão fazendo hoje em relação aos inexplicáveis fenômenos que estão em conexão com a religião e o oculto. Os neuróticos e psicóticos, com suas disposições mutáveis, com sua excentricidade, com seu comportamento desordenado, medos, ansiedades, ódios, violências, agressões, fases terrivelmente depressivas ou excitadas, perseguições, ilusões, obsessões e fixações têm, como um homem normal, uma personalidade que lhes é própria. Uma personalidade alienada e distorcida, sem dúvida, mas, apesar de tudo, uma personalidade. Cada caso de perturbação mental tem um caráter bem marcado que lhe é próprio, e, além da aparência do corpo, pode ser facilmente reconhecido pelas suas tendências mentais peculiares, tal como podemos reconhecer as pessoas normais pelas suas. Isso designa, definitivamente, uma estrutura neurônica ou uma composição basicamente alterada, e também alterações na bioenergia que dá suprimento ao cérebro.

Sou positivo a respeito disso porque conheci casos nos quais a neurose e a insanidade apareceram logo depois do despertar da Kundalini. Estou também em contato com casos nos quais o despertar levou a experiências assustadoras, que fragmentaram a mente. A libido, para usar o nome adotado por Freud, deve ter profundas raízes na estrutura bioquímica do corpo. O fato de que ela pode afetar o comportamento humano de forma drástica, e mesmo violentamente modificar todo o padrão de vida, é testemunho claro de sua influência na química do corpo. Sua expressão através do canal de evolução, isto é, do cérebro, está sujeita à influência de inúmeros fatores relacionados com a vida, o ambiente, a história da família e do indivíduo. Mesmo quando ligeiramente impregnada ou maculada, devido a fatores vários, como forma errada de viver, ambiente insalubre, hereditariedade defeituosa, choque, frustração, repressão, tensão, e numerosos outros fatores, ela se torna a causa direta da desordem nervosa ou mental. A ignorância dos cientistas sobre a natureza e a composição da bioenergia está na raiz de todos os cismas e da confusão predominante no terreno da psicologia. É incrível ver como os psicólogos, com uma prevenção somática em suas crenças, podem desassociar a consciência das condições do cérebro. Se a mente é anormal, o cérebro também deve ser um acionista nessa anormalidade expressa. De acordo com as últimas pesquisas, há uma confirmação na posição de que as horrendas visões e audições dos insanos têm sua raiz — em certos casos de perturbações — nas mudanças sutis em algumas estruturas neuróticas do crânio. A verdadeira raiz é uma condição impura ou tóxica da bioenergia. A suscetibilidade à desordem mental, observada nos homens de gênio, e o cuidado extremo que tinham os iogues em cada pormenor da vida, segundo a antiga tradição das escrituras da Índia, nascem desse motivo. Quando pura, a bioenergia liberada pela Kundalini produz os transportes do êxtase e o fluxo do gênio; quando tóxica, produz os pesadelos da insanidade.

Adotando a Bioenergia Como Hipótese Funcional

Para mim, é divertido ver como cientistas, justamente orgulhosos do seu conhecimento, afastam sumariamente o que digo como irreal e mesmo absurdo. O que para mim é um mistério é o seguinte: em que terreno baseiam eles seu atual julgamento? O que digo viola qualquer princípio ou lei biológica? No presente estado do nosso conhecimento sobre o cérebro e o sistema nervoso, é odioso para um cientista admitir a existência de uma energia viva responsável pelo fenômeno da vida? Se não, que mal existe em aceitar o que digo como uma hipótese funcional para uma verificação empírica? A idéia, concordo, é inteiramente nova e está sendo apresentada pela primeira vez. Mas isso não é razão para assumir, antecipadamente, a opinião de que tal idéia não pode ser verdadeira. Se uma idéia nova, que tem certa possibilidade de ser plausível, é encarada com suspeitas e desconfianças desde o início por parte de homens de saber, então como pode o conhecimento crescer? "Nada sei, a não ser que nada sei", disse Sócrates, apesar de seu prodigioso conhecimento, comparado com os padrões do seu tempo. O tempo mostrou que, até aquele ponto, ele tinha razão, já que nós, agora, sabemos muito mais. Como podemos saber se algo semelhante ao que afirmo não irá desaprovar, com os anos futuros, muitas das eruditas opiniões sobre a mente e a consciência, expostas orgulhosamente pelos sábios de hoje?

É possível que o seu conceito de Ioga esteja errado. Desde tempos imemoriais, no país onde nasceu, a Ioga tem sido universalmente aceita como um caminho para a autodisciplina, com o objetivo confessado de conseguir abordar a realidade que está por trás do mundo dos fenômenos. Os nomes dos perfeitos resultados da Ioga são palavras do dia-a-dia na Índia. A disciplina é primordialmente orientada para uma sociedade relativamente calma, pastoril. Alguns dos expoentes modernos reduziram isso à posição de um comprimido sedativo ou de um soporífero, do qual uma dose diária é necessária para acalmar a tensão e provocar um sono profundo em ambientes altamente complexos e competitivos. As propriedades calmantes e soporíferas da Ioga não são respostas para a verdadeira pergunta que está agitando a juventude de hoje. Quando passar a primeira excitação, o estado de desencantamento e desagrado irá dominar novamente. Com os métodos agora em uso produzimos, por acaso, um Walt Witman, um Eckhart, um Swedenborg ou um Aurobindo, embora milhões estejam agora praticando Ioga? Comprimidos sedativos e soporíferos — necessários para combater os péssimos efeitos sobre os nervos vindos de um ambiente tenso, artificial — não podem abrir as janelas da alma. Supor que o estado alfa, a situação de letargia ou a hipnose são esclarecimentos, está errado. Tal suposição está carregada de graves conseqüências. Uma consciência iluminada jamais será possível sem uma transformação biológica. Por esse motivo, os fenômenos são de tal modo raros na história. E quando quer que eles surjam, é invariável, uma grande mente emerge.

Num ambiente harmonioso, num sistema saudável e disciplinado, a Ioga fornece o canal para o cultivo do gênio e das faculdades paranormais da mente. Quanto mais conhecimento se obtiver sobre esse altamente complexo e misterioso mecanismo de força, não haverá limite para os benefícios mentais e físicos que podem derivar dele. De que maneira a transformação dos genes é feita através de uma atividade rejuvenescedora do sistema reprodutor, quando do despertar da Kundalini – da Serpente do Poder – e de que maneira o fluido seminal é enviado em cascateante torrente de energia radiante para o cérebro e para outros órgãos vitais são segredos mantidos muito bem guardados pelos adeptos do passado – e formam histórias excitantes dos ainda mais ocultos segredos da natureza, que serão revelados quando chegar o tempo apropriado. O mesmo acontece com os hormônios e as secreções femininas. O processo rejuvenescedor e metamorfoseante posto em movimento é um fenômeno maravilhoso que não tem paralelo em parte alguma.

Linhas Mestras Para a Investigação Clínica

Como é possível que tão marcada e extraordinária atividade do organismo careça de prova clínica? Os órgãos reprodutores devem estar profundamente envolvidos e esse envolvimento deve ser verificável. Não podemos, é certo, ter os órgãos da geração funcionando em alta velocidade para fornecer suas preciosas secreções sem qualquer sinal observável. Estou certo de que a evidência fisiológica, em abundante medida, seria disponível para os cientistas que se dedicassem a essa pesquisa, contanto que o estudo fosse feito seriamente com o devido respeito pela natureza solene e as colossais proporções do problema.

É impossível que uma atividade dessa natureza possa ocorrer sem deixar inegáveis traços em toda a área da estrutura humana. Devem ocorrer variações definidas na microbiologia do sistema. A absorção constante do fluido gerador e de hormônio nos órgãos viscerais, e sua subida para o cérebro como essência de vida ultra-sutil, não pode deixar o cérebro e o fluido cérebro-espinhal intocados. Deve haver sinais definidos da presença dele em ambos. No caso daqueles que, a intervalos, são sujeitos ao êxtase, os sinais devem estar presentes, sem sombra de dúvida, enquanto o estado de transe durar, e mesmo algum tempo depois. O sistema glandular endócrino deve mostrar, também, algum tipo de alteração. Na verdade, desde que o caso seja integralmente captado, e grupos de sábios sérios e interessados se dediquem à investigação, toda uma bateria de testes pode ser preparada para localizar a atividade que determina o seu curso. Há muitos casos de súbito despertar da Serpente do Poder nos ashrams da Índia. Também temos milhares praticando Ioga em vários lugares da América e da Europa. Além disso, como eu disse, há centenas, milhares mesmo de pessoas que experimentam o despertar espontâneo dessa força. Muitas delas desejam ser estudadas. Assim, há todo um campo pronto para a investigação. Contatos com outros iogues da Índia, que despertaram o poder e claramente confessam isso em seus escritos, podem lançar mais luz sobre todo esse fenômeno, capacitando investigadores inteligentes a desenvolver métodos ou instrumentos eficazes para a pesquisa.

A primeira necessidade, entretanto, é um estudo documental completo e uma visita aos centros de Ioga e aos ashrams da Índia, a fim de obter um amplo conhecimento do mecanismo. No presente estágio, parece improvável que uma consciência esclarecida pudesse ser diferenciada de uma consciência normal com o uso dos dispositivos atuais. Se não é possível distinguir a indubitável extensão da consciência de um grande intelectual ou de um gênio, não seria possível fazer isso também no caso de um iluminado.

A confirmação pode vir subjetivamente de outro indivíduo no qual ocorreu o despertar dessa força. Com um estudo completo, é possível que alguns indícios possam ser encontrados para revelar a bioenergia irradiante responsável pelas extraordinárias experiências de percepção visual e pelos fenômenos paranormais. Se isso não pode ser feito agora, pelo menos sê-lo-á num futuro próximo.

Há alguns médiuns que passam por sensações orgíacas durante suas sessões, e há, pelo menos, um bom curador psíquico que, trabalhando em estado de transe, bebe enormes quantidades de álcool, provavelmente para repor a energia despendida. Há homens e mulheres inteligentes que, durante períodos de intensa concentração sobre algum trecho do trabalho, ou durante a meditação, sentem sensações eróticas nos órgãos genitais, ou têm a sensação com experiências visionárias. Uma sondagem dirigida a todos esses casos poderia apresentar, à luz do que tem sido dito, valiosos dados para uma investigação científica substancial do fenômeno.

Com um pouco de intuição adquirida no estudo preliminar e com a investigação, a esfera da pesquisa pode ser ampliada para incluir esquizofrênicos e maníacos depressivos, dos quais provavelmente uma grande porcentagem representa a área de mau funcionamento da Serpente do Poder. Os esforços da Kundalini, isto é, do mecanismo da evolução, estendem-se a todas as esferas da vida humana. Os homens e mulheres extraordinariamente inteligentes, eloqüentes e versáteis, que alcançam predominância ou poder em qualquer campo, devem ter uma Kundalini estimulada. Eles não sabem disso, como não o sabem os eruditos até esta altura. A segurança e o progresso da humanidade estão nas mãos desses homens e mulheres, e agora, na era nuclear, é da maior importância que o poder que está atrás de sua predominância mental deve ser conhecido. À parte todos esses fatores, a possibilidade, inerente a essa investigação, deveria ser o mais poderoso incentivo para os sábios empreenderem um estudo, senão por outra razão, pelo menos para mitigar os horrores de uma terrível doença que tem suas garras sobre milhões.

Precisam-se: Mentes Talentosas
Para Desenvolver o Mundo

Eu ainda tenho muito a revelar sobre esse poderoso mecanismo, e isso será feito no devido tempo. O máximo que posso dizer, com confiança, é que a animada corrida para a iluminação instantânea, na qual milhões estão animadamente tomando parte hoje, embora possa não levar à iluminação, na maioria dos casos, pelos menos prepara o solo para uma compreensão em massa do que eu digo, desde que as formalidades acadêmicas tenham sido completadas. O despertar da Verdade virá, seguramente, para milhões, com um pouco mais de experiência nos métodos que estão seguindo. Há um único e sublime alvo a ser alcançado por toda a humanidade, embora os caminhos que levam a ele possam ser diferentes. A não ser que esse alvo seja atingido, a mente nunca encontra repouso e a pergunta permanece sem resposta. Entre os milhões de pesquisadores honestos, que sacrificam tempo, energia e recursos nesse sagrado empenho, os que alcançarem a resposta serão os primeiros a corroborar o que afirmo sobre a natureza da verdadeira iluminação. Enquanto isso não acontecer, tenho paciência para esperar. Em todos os meus escritos semeei as sementes do que considero ser a necessidade mais premente da humanidade, e que vem a ser a informação sobre o mecanismo da evolução nos seres humanos, lentamente atraindo a raça para um futuro de ouro, de harmonia, de paz e felicidade. Não estou ansioso por um sucesso imediato, porque o futuro se ergue claramente ante a minha visão em toda a sua glória e encanto. Alguém regará as sementes e levará a investigação a um fim vitorioso. O essencial é que a revelação seja amplamente divulgada, e o céu ajudou-me, graciosamente, para esse fim. O resto é uma questão de tempo, pois a hora destinada para esse conhecimento já chegou.

É a mente talentosa que, em última análise, se encontra no fundo de cada situação que se desenvolve no mundo. São os homens e mulheres, dotados de extraordinários dons mentais, que modelam os pensamentos, não só das massas, mas também da elite que as governa. Portanto, nenhum deles pode exonerar-se da responsabilidade, pelo menos do ponto de vista moral, da presente situação altamente inflamável do mundo, e do estado deplorável da multidão de homens e mulheres jovens que a pressão da evolução transformou, ou está transformando, em rebeldes auto-atormentados diante da sociedade.

É um enigma para mim o porquê da existência de uma atitude de incredulidade a propósito do que digo, quando tudo quanto afirmo não difere, essencialmente, do que foi dito por Freud, e, com alguma diferença, pelo próprio Jung. A única diferença, no que a mim se refere, é que atribuo a experiência mística e os fenômenos paranormais ao mesmo agente que eles consideram responsável pelo comportamento sexual, pelos talentos extraordinários e pelos estados anormais da mente humana. Torno a situação ainda mais concreta e rastreio a força até a sua base somática, expondo sua natureza real e, para cientistas de mente aberta, deixando claro um canal através do qual a corroboração empírica pode vir em apoio da opinião expressa. Nada há, portanto, nos conceitos da moderna psicologia que eu escarneça ou destrua. Por outro lado, tento salvá-la da atual prevenção materialística, altamente prejudicial e indesculpável. Com investigação apropriada, a atual situação explosiva do mundo, a enigmática revolta da juventude, o aumento do crime e da violência, a maré montante das perturbações mentais e das drogas, como também a ardente procura de milhões quanto aos métodos de autotranscendência ou de autoconhecimento serão rastreados até que se chegue a atividade do mecanismo da evolução nos seres humanos. Estou certo disso, tanto quanto estou do meu próprio eu. Se o que afirmo não for provado dentro de um período justo, eu deveria decair, aos olhos dos vindouros, como um ser auto-iludido e altamente censurável. Só o tempo mostrará até que ponto estou certo sobre aquilo que disse.

III

A MEDITAÇÃO É SEMPRE BENÉFICA? OPINIÕES FAVORÁVEIS E DESFAVORÁVEIS

A atual onda de interesse pelos estados superiores da consciência e pela exploração do mundo interior, que varre agora a América e a Europa, tem por trás dela uma razão mais profunda do que habitualmente entendem os que estão engajados no estudo da mente humana. Não se trata apenas de uma fase passageira, de um deslocamento do interesse humano do material para o espiritual, para variar, nem se trata apenas de uma divagação da mente. Ela está baseada na pressão de certas modificações psicofisiológicas do sistema nervoso humano e do cérebro, para marcar o ponto onde a consciência se sente em posição de voltar a pesquisa para si própria, a fim de ter a revelação de seu próprio mistério.

Os mesmos fenômenos quase que invariavelmente ocorreram quando um povo, no passado, atingiu certo nível de civilização, e, pelo menos para as classes mais abastadas, as vantagens materiais e o lazer forneceram ocasião para essa exploração interior. Isso aconteceu na Suméria, no Egito, na Índia, na China, na Grécia e em outros lugares. O registro daquilo que suas pesquisas revelaram ainda existe, pelo menos em parte.

Contudo, o reaparecimento do mesmo anseio nesta idade da razão está relacionado com problemas que não existiam antes. Ele tem de enfrentar agora o intelecto dominante e convencê-lo de que esse recrudescimento está baseado numa necessidade urgente da psiquê humana, e de que não se trata de um simples intruso com o qual cada um pode lidar tão arbitrariamente quanto quiser.

Durante esse período de conflito — entre esse anseio crescente de experiência espiritual e a ainda cética categoria dos racionalistas — uma certa cota de confusão é inevitável. Há muitos intelectuais que acreditam que os estados de iluminação que muitos milhares de pessoas estão buscando não passam de estados mentais interiores que se situam na fronteira do subconsciente. Eles afirmam que esses estados podem ser provocados pela hipnose ou durante as fases alfa e teta do *biofeedback*. "Um iogue pode controlar suas ondas cerebrais ao cabo de alguns anos" — dizem Karlins e Andrews em seu trabalho, *Biofeedback*, que "a pessoa comum, usando treinamento *biofeedback*, pode aprender a controlar suas ondas mentais em questão de horas".

Eles citam o Dr. Johann Stoyva, que afirma que as técnicas de informação de realimentação podem muito bem ensinar a "mente vazia", estado típico do Zen e da Ioga, dentro de "meses, ou mesmo de semanas". A própria experiência de Stoyva com o estado alfa, dizem eles, "foi como o fluir de uma película cinza-preta, de aspecto luminoso". Em outro lugar, nova citação: "À proporção que a tecnologia para medir e treinar ondas cerebrais se torna mais sofisticada, meditadores sem prática terão a oportunidade de imitar os estados fisiológicos do Zen e da Ioga".

Isso é um parecer errôneo. A gravidade do erro está não só num juízo falso da natureza mística e do fenômeno da iluminação, intimamente associado com ela, mas no fato de ignorarem completamente um fator da mais alta importância para o bem-estar e a segurança do homem. Esse é o fator de evolução ou, em outras palavras, da mudança irresistível da consciência humana, causada por uma igualmente irresistível, embora ainda imperceptível, transformação microbiológica no cérebro humano.

Vemos a incontestável evidência dessa transformação quando comparamos as relíquias de antigas culturas, velhas de três a cinco milênios, com a cultura de hoje. Mas, como grupo, os biólogos não estão preparados para aceitar o fato de que o cérebro humano ainda se encontre num processo de evolução orgânica, porque não vêem nenhum sintoma perceptível desse processo. Na verdade, não há sinais discerníveis no cérebro que atestem essa transformação. Somos capazes, entretanto, de decifrar toda a linguagem críptica do crânio, e ele não continua a ser um mistério para nós?

Até muito recentemente não podíamos nem mesmo encontrar qualquer sinal orgânico visível de uma perturbação patológica tão notória como a loucura e até psicólogos eminentes acreditavam que ela fosse de pura natureza psíquica. Mesmo agora, a origem biológica da insanidade mental é inteiramente obscura. É sobre essa evidência, então, que os eruditos formam o seu julgamento, quando a natureza da bioenergia e da microbiologia do cérebro ainda é um livro fechado? Ao que parece, muitos deles não estão isentos da fragilidade humana comum, que leva a tirar conclusões apressadas, espalhando-as por toda parte para sua própria edificação.

A primeira experiência do estado beatífico traz o entendimento, para quem a tem, de que a natureza da consciência varia de acordo com a pessoa. A diferença entre um pateta e um intelectual é uma diferença na profundidade e no volume de consciência de cada um deles. Cada ponto de percepção, que representa um ser humano, tem o seu próprio espectro, seu próprio brilho, profundidade e volume e, em sua maneira, cada qual varia em relação ao outro. A consciência da pessoa esclarecida é virtualmente iluminada, e ela vive — quer acordada quer sonhando — num mundo resplandecente de luz.

A consciência é uma realidade soberana no universo. Seu alcance de manifestação é infinito. Assim como há estados subumanos de consciência, há estados transumanos. Consciência mística ou percepção iluminada marcam o limite mais baixo da variedade transumana. Houve personagens históricos que as tiveram, ou ocasionalmente ou como posse constante, desde o nascimento.

Vemos esse estado de iluminação crescendo aos poucos quando nos erguemos do mais baixo para o mais alto estrato da mente humana, tanto consciente como subconsciente. A tragédia está no fato de cada indivíduo estar encerrado na concha impermeável da sua própria mente, e inteiramente excluído da possibilidade de ver, sequer de relance, a mente de um outro. O estrito isolamento leva cada pessoa a considerar a outra com a mesma espécie de consciência que ela tem, apenas com maior ou menor inteligência, sensibilidade etc. Isso é uma ilusão.

Há uma diferença na própria estrutura ou espectro de cada consciência individual, causada pela diferença no organismo biológico através do qual ela se expressa. A própria textura da consciência esclarecida é, assim, distinta e diferente de outras. Não se trata apenas de ter festas visuais de luz, cor e percepção ampla, mas é preciso que tenha ocorrido uma completa transformação da consciência.

Durante o curso de genuína experiência mística, intervém uma dimensão superior de consciência que eclipsa a individualidade normal, parcial ou inteiramente, durante certo período. Parece, então, que um novo mundo, uma nova ordem de existência ou um ser sobre-humano desceu até o raio de nossa visão. Acontece um ineludível aumento da percepção das luzes, das cores, da beleza, da bondade, da virtude e da harmonia, o que dá uma aparência supraterrena à experiência como um todo.

Não vemos, acaso, essa maior percepção de luz, cor, beleza, harmonia, ideais, valores morais e alegria criativa nos grandes gênios da humanidade, como os grandes pintores, os musicistas, os escritores, os filósofos, os poetas, os místicos e os reformadores, tanto do passado como do presente?

A consciência transcendental, adornada com todos esses atributos, está apenas um passo à frente, e deve ser claramente entendida como tal, para traçar o rumo no qual a evolução da consciência está tendo lugar diante de nossos próprios olhos. Se é possível produzir gênios de todas as categorias com a meditação orientada, treinamento *biofeedback*, drogas, hipnose, liberação da mente ou outras práticas desse tipo, então a iluminação não pode deixar de responder ao mesmo tratamento para produzir Cristos, Budas ou Platões em profusão nos anos que estão para vir. Se não for assim, então para que tanta confusão?

Biofeedback e Experiência Mística

O equipamento *biofeedback* é destinado a identificar certas fases da consciência. A técnica foi posta em uso porque alguns dos cientistas que estão fazendo experimentos com a consciência estão sob a impressão de que os estados alfa e teta fornecem a matriz da qual nascem a experiência mística e o talento criativo. Ela também fornece um caminho para a cura dos males mentais, e mesmo físicos, e para a aquisição de maior domínio sobre a mente.

Por meio de um sinal, que pode tomar a forma de luz ou de som, o *biofeedback* fornece um índice para identificar os diferentes estágios de consciência, e que são: 1) vigília alerta; 2) estados imóveis, passivos, relaxados ou inexpressivos; 3) estados sonolentos que precedem o sono; 4) sono profundo. Eles são designados como beta, alfa, teta e delta, respectivamente. Alfa e teta são ondas de movimento mais lento, que se associam com a atenção interior, com a solução de problemas, com criatividade etc.

A fim de destacar o erro envolvido em tais suposições, é necessário, antes de tudo, estabelecer a diferença entre os estados alfa e teta e o estado de atenção concentrada que precede o êxtase místico. Segundo as *Iogas Sutras* de Patanjali — e qualquer outro manual de Ioga tornado venerável pelo tempo —, a mente tem que passar por dois estados de concentração chamados *dharana* e *dhyana*, isto é, um estado primordial de concentração e uma forma estabilizada e mais prolongada desse estado. Só então ela pode chegar ao *Samadhi* ou transe místico. Em todos os tratados de Ioga há uma orientação pormenorizada a respeito de como esse estado de ininterrupta fixação da atenção pode ser obtido. O alvo a ser atingido é o de que a mente que observa e o objeto observado cheguem a fundir-se num só. Isso só pode acontecer de duas maneiras: ou o objeto se dissolve em consciência e apenas o vidente permanece, intensamente consciente de si próprio, ou o vidente perde sua própria identidade e se torna um com o objeto no qual a mente está fixada.

De fato, as formas rigorosas de *Pranaiama, Mudras* e

Bhandas, peculiares da Hatha Ioga, são todas dirigidas para aumentar o efeito de concentração sobre o cérebro e o sistema nervoso e, mais ainda, para acelerar o despertar da Serpente do Poder. Com paulatina prática, a mente é treinada para cair em condições profundamente absortas, que, em *Samadhi*, atinge profundidades que tornam o vidente esquecido daquilo que o cerca, embora esteja muito mais intensamente perceptivo em seu interior.

O propósito das práticas é manter apenas um objeto ou uma linha de pensamento diante da mente, com exclusão de qualquer outro objeto ou corrente de idéias. A fim de obter a fixação de um ponto único pela mente, é necessária uma grande quantidade de esforço voluntário e o praticante deve manter-se sempre em estado de alerta para evitar que sua mente deslize para estados passivos ou sonolentos, ou para outros fluxos de pensamentos e de fantasias. Está claro, portanto, que há um mundo de diferença entre uma condição mental passiva, de focalização interior — quando as idéias podem extraviar-se e derivar, como é o estado que precede o sono — e o estado da mente alerta, atenta, focalizada no centro, necessário à concentração em todas as suas formas.

Isso está claramente exposto em vários pontos do *Bhagavad Gîtâ*. No versículo 25 do sexto discurso, por exemplo: "Pouco a pouco deixem-no ganhar tranqüilidade, por meio da razão, controlada pela perseverança. Tendo levado a mente a habitar no Eu, não a deixem pensar em nenhuma outra coisa... Tão freqüentemente quanto a mente instável e hesitante se desgarrar, tão freqüentemente governando-a, que ele a conduza para o controle do Eu".

Esse ponto é ainda mais elucidado por Krishna em resposta à indagação de Arjuna, que dizia ter a mente extrema inquietação e ser tão difícil de conter como o vento. "Sem dúvida, ó poderosamente armado", diz Krishna (VI.35), "a mente é difícil de conter e é inquieta, mas pode ser contida pela prática constante e pela impassibilidade."

O cultivo da concentração da mente num único ponto, como prelúdio a fim de obter a consciência de Deus, é também repetidamente enfatizada nos Upanixades. "Tomando o arco", diz o *Upanixade Mundaka* (II.2, 3), "a pessoa deve fixar nele a flecha, aguçada pela meditação. Esticando a corda com a mente absorvida no pensamento de Brahma, atira, ó formoso, para aquele próprio alvo que é o Imutável.

As citações podem ser multiplicadas ao infinito para mostrar que a prática da meditação, empreendida em todas as disciplinas da Ioga, deve ser de natureza ativa, e a mente deve ser conservada integralmente alerta, focalizada apenas num pensamento ou imagem. Essa disciplina deve continuar até que a mente se habitue à aplicação concentrada numa imagem ou assunto durante períodos prolongados. É bem conhecido o fato de que esse estado de atenção e concentração num único ponto é mais bem desenvolvido por uma mente inteligente e talentosa, sendo uma característica predominante no gênio. Por outro lado, as mentes vazias, idióticas, insanas, carecem de poder para focalizar sua atenção inteligentemente em qualquer assunto por um espaço razoável de tempo.

A ironia é que alguns professores de Ioga e de outras técnicas de meditação, na América e na Europa, por tudo o que admitem e demonstram, confirmam essa opinião completamente errada de eruditos e cientistas, particularmente nos Estados Unidos. Os que declaram certos tipos de *Asanas* ou certa possibilidade de controle sobre a própria respiração, sobre a ação cardíaca e outros processos metabólicos como sendo Ioga, ou, em outras palavras, o máximo dessa disciplina que o tempo tornou venerável, caem na própria armadilha em que muitos de seus colegas ocidentais estão presos no momento.

Há outros que recomendam formas negativas de concentração, proibida pelos antigos mestres, e permitem que a mente vagueie ou derive incessantemente durante a meditação, levando a estados passivos, sonolentos ou quiescentes, indicados pelo sinal alfa em *biofeedback*. Eles dizem que as experiências ligadas a visões, ou os vislumbres criativos que, às vezes, ocorrem nesse estado, como também acontece às vezes em sonhos, são os marcos da legítima experiência mística.

Não é de admirar, portanto, que cientistas ocidentais, levados ao erro por essas declarações de mestres profissionais de Ioga, equiparem o estado transcendental do êxtase místico com os estados mentais auto-induzidos, quiescentes, devaneadores, vazios ou passivos. Nessa avaliação, eles deixam de reparar que, em todas as descrições do êxtase místico, há certos sintomas preponderantes e inconfundíveis, que não são encontrados nos estados alfa e teta, e que são: 1) vívidas sensações de luz, tanto interna como externa; 2) sentimento de enlevo extremo, que se reflete em toda a aparência da pessoa; 3) com certeza há lágrimas correndo, pela natureza majestosa e sublime do espetáculo; 4) senso de intimidade ou proximidade de uma Presença infinita ou de um ser celestial; 5) contato com uma infinita fonte de conhecimento; 6) fortes arrepios; 7) senso de maravilha e respeito, sem limites, diante da visão transcendente; e 8) iluminação intelectual, com *jnana*, isto é, sabedoria perpétua.

Durante o período em que dura o êxtase, a percepção é muitíssimo aumentada e expandida. A pessoa se torna mais integralmente consciente internamente do que jamais o foi, e, com freqüência, o impacto da experiência é de tal modo poderoso, que mesmo uma só incursão por esse inefável território permanece indelevelmente impressa na memória, para servir como baliza através de todo o resto da vida.

Trata-se da lembrança de uma gloriosa experiência transumana e de um outro mundo, que é vivida intensamente por breve espaço de tempo — sem a mais leve sombra de dúvida — e não um estado humano de devaneio, ou um estado visionário, por muito real e vívido que ele possa ter parecido na ocasião. A experiência mística autêntica desfere um golpe estonteante sobre o ego, e desfaz, derrubando-os, os muros que segregam o indivíduo do resto de seus semelhantes.

As formas narcisistas e falsas da Ioga, ou de outras disciplinas, atuam ao contrário, inflam o ego ainda mais e isolam ainda mais completamente o indivíduo em relação ao resplandecente Um em Tudo. Essa é a razão pela qual os verdadeiros iluminados são humildes, despretensiosos e infantis em seu comportamento, indiferentes às grandezas e à fama mundanas. Enquanto, ao contrário, professores espirituais profissionais, não-iluminados, são amiúde autocentralizados, dominadores e pretensiosos, muito desejosos de seguidores e da adulação das multidões. Num momento inspirado de iluminação interior, trazido pela prática vitoriosa da Ioga, toda a personalidade de um homem pode passar por uma transformação radical, e para toda a vida. "Quem é feliz em seu interior, quem se regozija em seu interior, quem é iluminado em seu interior", diz o *Bhagavad Gîtâ* (5.24), "esse iogue, tornando-se o Eterno, vai para a Paz do Eterno."

Tratando desses resultados não desejo lançar dúvida alguma sobre o valor terapêutico do exercício obtido com o *biofeedback*, com a hipnose ou com os sistemas de Ioga e métodos de cultivo da mente que prescrevem estados passivos, vazios ou fluídicos da mente, para a prática da meditação. Nem desejo levantar questões sobre sua capacidade de oferecer estados mentais calmos e relaxados, ou, mesmo, de induzir estados visionários ou extra-sensoriais, com suas formas e cores fantásticas, como são descritas pelos cientistas engajados nessa investigação. Mas essa fantasia misteriosa ou exótica, essas cores, formas ou aspectos — não acompanhados de outros sintomas — não constituem, absolutamente, uma experiência mística. Temos, às vezes, as mesmas experiências até com drogas, ou em sonhos, e elas não constituem um estado beatífico, nem um contato com a Consciência Cósmica. Quando esse fato chega a ser claramente reconhecido, só então há alguma esperança de investigação dirigida corretamente ao ainda pouco entendido êxtase místico e a outros fenômenos a ele ligados.

Consciência Mística Versus Estados Induzidos por Drogas

Outros eminentes pesquisadores psíquicos equiparam o êxtase místico às experiências com o LSD e com o estado hipnótico. Afirmam, abertamente, que o estado LSD é muito semelhante à experiência mística, ou que ele pode provocar o transe místico em seus sujeitos hipnotizados, usando sugestão apropriada. É fácil ver que essa tendência do pensamento atual dos cientistas engajados na pesquisa da consciência é fatal para os elevados ideais religiosos e, com uma penada, reduzem a natureza sublime do êxtase místico ao nível de simples experiência mundana, possivelmente no sono, em estados passivos, semiconscientes ou induzidos por drogas, por sugestão hipnótica e por outras técnicas.

Essas idéias errôneas podem difundir-se sem serem discutidas, e é provável que roubem à religião todas as suas cores divinas e a reduzam à loquacidade de indivíduos propensos a estados ilusórios da mente, através de drogas, de auto-hipnose ou de sugestões que vêm do subconsciente, mantendo-os relaxados ou semidespertos entre a vigília e o sono profundo.

Um escritor arrojado, R. Gordon Wasson, identificou o Soma dos Vedas — a bebida dos deuses, que conferia imortalidade e levava aos estados mais altos e mais inspirados de êxtase — com o cogumelo *Amanita muscaris, fly agaric*, em inglês, uma variedade de cogumelo ou fungo vermelho com protuberâncias brancas ou amarelas. Consta que o tal cogumelo brilhante, vermelho, com pintas brancas, é comum nas florestas e no folclore em toda a Eurásia setentrional. O suco, obtido pelo esmagamento do cogumelo, acredita o autor, era usado copiosamente pelos profetas védicos como um inebriante, e esse é o Soma amplamente mencionado em vários hinos e a fonte de inspiração dos poetas védicos. "O mais surpreendente dos candidatos a Soma foi apresentado por *Sir* Aural Stein, o erudito-explorador, como sendo o ruibarbo", diz Wasson. "Segundo o próprio Stein, nenhum hindu, na história registrada, fez bebida fermentada com ruibarbo, embora, naturalmente, com a adição de açúcar ou mel, o suco fermente. Stein deve ter esquecido ou o seu Rig Veda ou o seu senso de humor."

Mais adiante, Wasson diz que, em 1921, um hindu aventou a idéia de que aquele Soma, afinal, nada mais era senão o Bhang, nome hindu para maconha, *marijuana, cannabis sativa*, cânhamo ou haxixe. Num relâmpago de imaginação, ele agora substitui essas coisas por "um cogumelo".

Até que ponto a opinião de Wasson merece crédito, ficará claro quando se fizer saber que Soma é também o nome da

Lua, que está associada com o brilho na cabeça criado pela Kundalini. Em cada representação do Senhor Shiva, o crescente da Lua é mostrado, invariavelmente, num lado da cabeça. Os hinos védicos, quando lidos com conhecimento nítido sobre a Kundalini, mostram, claramente, que a bebida da imortalidade é a ambrosia mencionada nos Tantras e nos livros sobre Ioga, sejam eles hindus, tibetanos ou chineses.

Essa substância nectária flui para a cabeça (como energia viva, radiante), e então circula pelo corpo quando do despertar da Kundalini. Os hinos védicos mencionam claramente os sinais conseqüentes de trovão, luz e sons, a simbologia do touro, do céu e o néctar; e, também, as formas de êxtase e inspiração que caracterizam a subida da serpente de fogo para o cérebro. Deve ter havido, também, uma bebida fermentada, usada como estimulante, mesmo pelos sacerdotes, tal como temos hoje o álcool. Mas não há sacerdorte ou teólogo, ou outro eclesiástico do nosso tempo, que se tenha mostrado eloqüente a propósito do assunto, como se se tratasse do dispensador da imortalidade e da visão dos deuses.

Falta de conhecimento sobre o fenômeno da Kundalini, e ignorância do fato de que ela foi a base de práticas religiosas e mágicas, bem como de conceitos da Antigüidade, têm sido responsáveis pela enorme confusão causada entre os eruditos na interpretação dos textos antigos. Encontramos simbologia semelhante também nos Tantras, onde a palavra "vinho" é mencionada com dupla significação. É a bebida comum, freqüentemente usada no culto tântrico, e também a bebida da intoxicação divina, lançada por uma Kundalini despertada no cérebro, para causar enlevo e beatitude mais intensos, característicos do estado de êxtase.

O próprio Wasson parece ter esquecido de captar a inferência correta do hino do Rig Veda (X. 85. 3), que diz: "Pensa-se que se bebe Soma porque é uma planta triturada. O Soma que os brâmanes conhecem — ninguém bebe". Brâmanes aqui, significa os conhecedores de Brahma ou Consciência Cósmica. Pode haver alguma dúvida de que a palavra "soma" tenha, também, um sentido esotérico? Ela se refere a essa bebida interior, vitalizante — com poder ilimitado de provocar enlevo — que a natureza forneceu como incentivo ao esforço da evolução da mesma forma como forneceu o êxtase amoroso como incentivo para o igualmente importante ato de procriação.

Na poesia sufi faz-se o mesmo jogo com as palavras "uva" e o "vinho". Os taoístas chamam-na "elixir"; os alquimistas hindus, "parada" ou "mercúrio". O Dr. Mircea Eliade cometeu o mesmo erro em relação a "néctar", que se diz pingar na garganta vindo do palato, com *khecheri mudra*, e afirma que isso é saliva, sugerindo que os antigos mestres, que mostram tão profundo conhecimento da anatomia humana, não tinham a perspicácia necessária para estabelecer distinção entre a saliva e o fluxo de uma essência estimulante na região especificada.

Erro idêntico cometeu C. G. Jung em sua *Psicologia do Inconsciente*, ao interpretar um hino védico referente à produção do fogo pela fricção entre duas varetas. Jung vê aí uma alusão ao coito, quando o termo usado refere-se, claramente, ao fogo produzido pela Kundalini. Entrementes, o que já foi dito é o bastante para mostrar que a falta de um conhecimento suficiente dos aspectos esotéricos das antigas religiões pode constituir uma armadilha mesmo para os mais poderosos intelectos não iniciados no mistério, levando-os a conclusões inteiramente erradas.

Se a tendência atual da ciência continuar a crescer, não está longe o dia em que o estado da religião nos países que ainda seguem algum tipo de fé não será melhor do que é hoje nas nações comunistas. Ela reduzirá a preciosa herança espiritual da humanidade — a Bíblia, os Upanixades, o Bhagavad Gîtâ, o Corão, as Falas de Buda, e as falas inspiradas de outros santos e místicos de todas as nações — tanto em importância como em valor, privando todos os ideais elevados de sua grandeza e de sua excelência. O próprio fato de que a existência da fé, em quase toda a parte, tem sido um dos fatores mais preponderantes na vida da humanidade, por milhares de anos, deveria levar os eruditos a uma pausa, para que pudessem considerar que deve haver, no fundo disso, alguma razão inexplicável. O que levou imensas multidões a aceitarem a influência da fé por tão longos períodos de tempo, e a fazerem ainda o mesmo nesta era racional, apesar de toda a apatia e até do antagonismo de vários luminares da ciência?

Esse ponto deve ser tratado com alguma ênfase, por causa dos graves resultados que pode provocar. Os vários sistemas de Ioga são destinados a acelerar as mudanças evolutivas que ocorrem no corpo humano e levar ao cérebro um nível supersensório de cognição. Na verdade, esse é o propósito natural de todas as disciplinas e práticas religiosas saudáveis. Toda a trama da religião — crenças, dogmas, rituais e práticas — deve sua existência à resposta instintiva da consciência de superfície às solicitações do impulso da evolução, operando no mais íntimo recesso da psique humana. Torna-se, portanto, óbvio, que qualquer prática ou disciplina destinada a conduzir a um estado mais evoluído da consciência deve adaptar-se, no essencial, aos meios usados pela natureza para efetuar essa transformação.

O fator principal, responsável pela evolução mental da humanidade desde períodos remotos até os dias presentes, e que mesmo agora está operando para manter em atividade a tendência evolutiva, não é difícil de entender. Seja qual for o progresso que tenha sido alcançado na arte, na ciência, na filosofia, na música, na pintura, na escultura ou na tecnologia — em resumo, em todos os ramos conhecidos do conhecimento e da inteligência — esse progresso foi ganho por meio de rigoroso esforço e estudo mental, pela reflexão, pela concentração da mente. A firme e espontânea aplicação da mente, feita em plena vigília, dia após dia, por grande número de homens e mulheres, levou a humanidade a ser o que é hoje. Haverá um só homem ou mulher de talento que tenha alcançado a distinção sem um esforço hercúleo?

Truques Usados na Meditação e a Verdadeira Iluminação

É notável constatar até que ponto os eruditos podem ser levados a erro por suas próprias predisposições ou por sua forma imperfeita de pensar. O gênio espiritual é uma faculdade tão alta da mente como qualquer outra forma de gênio ou talento. Se a aplicação constante e o incessante empenho são pré-requisitos essenciais para a cultura da mente e para a expressão do gênio em todas as outras formas de conhecimento, é possível conceber, por um momento que seja, serem as formas religiosas do gênio uma exceção única na regra geral? Será possível conseguir intuições espirituais e sublimes experiências, permitindo que a mente devaneie e mergulhe em estados de semivigília, nos quais o esforço ativo é afastado por completo?

Existe acaso algum registro histórico que mostre que os mais reverenciados guias espirituais da humanidade — Sócrates, Cristo, Vyasa, Buda, Shankara, São Paulo, Kabir, Rumi e outros — não estiveram intensamente alertas e bem acordados através de suas vidas, e que resmungaram seus ensinamentos quando em estados de semivigília ou de semiconsciência, com a mente imobilizada, afastada do pensamento ativo? Ou a humanidade esteve errada através de todo o passado, voltando-se para uma incessante e voluntária aplicação mental a fim de ganhar conhecimento e resolver seus problemas, ou há algo radicalmente errado no pensamento dos sábios de hoje, que equiparam os estudos de distração, ou de semivigília, conseguidos com o uso do *biofeedback*, ou por outros meios, com as genuínas experiências místicas, ou, mesmo, com as disposições criativas das mentes bem dotadas.

Os que expressam tais opiniões não têm idéia do prejuízo que causam ao pensamento do público em geral, que se apóia neles para se orientar. Existe hoje uma tendência a esquivar-se do esforço necessário ao pensamento construtivo, e, o que não é pouco freqüente, indivíduos dessa categoria assimilam apenas as idéias predigeridas de outras pessoas. O recurso freqüente a estados mentais passivos — devaneios, divagações da mente, quietude, calma ou vacuidade de pensamento — fornece formas fáceis de fuga para milhões que não querem encarar as duras realidades da vida. "Não há expediente a que um homem não recorra para evitar o trabalho real de pensar", disse Thomas Edison. Vemos isso acontecendo a cada dia — a bem organizada publicidade ou campanhas de propaganda para tornar popular, com sucesso, um produto, uma idéia, uma personalidade.

O homem ainda se encontra em estado de transição entre a consciência normal e a consciência transumana. Nesse ponto ele é como uma criança ainda em processo de crescimento. Por acaso, para que a mente de uma criança se desenvolva, os pais ou os professores aconselham-na a deixar que a mente divague, quando está recebendo uma lição? A maior ênfase é ou não posta em sua atenção integral? Que desvio de pensamento nos leva então a pensar que podemos nos agarrar desesperadamente a métodos baratos, espúrios, a fim de alcançar a iluminação?

Tais métodos não oferecem caminhos de sucesso na Ioga. Assim como ninguém pode se tornar um atleta pela indolência, ou por estados passivos do corpo, ninguém pode ter acesso aos altos níveis da consciência com indolência ou com estados passivos da mente. É necessária uma aplicação intensa, alternada com indispensáveis períodos de repouso, em proporção certa. Isso é o que o Bhagavad Gîtâ enfatiza quando diz que a Ioga é apenas para quem tem o sono e a vigília bem regulados.

Os métodos passivos de meditação, que levam à quietude ou a estados de semivigília e a condições mentais provocadas pelas práticas do *biofeedback*, não passam de disfarçadas variações da famosa fórmula do conhecido psiquiatra Émile Coué: "Estou ficando cada vez melhor, a cada dia e de cada maneira", repetida no estado quiescente que precede o sono.

Estados passivos da mente oferecem repouso de tensão, e podem, sem dúvida, ter um efeito terapêutico e calmante em ambientes tensos criados pela complexa vida de hoje. Mas então, como o sono e a hipnose, deviam ser simplesmente rotulados como causadores de tais efeitos, e não aclamados como substitutos da Ioga e de outras disciplinas espirituais ativas, que levam a estados mais amplos de consciência. No momento em que isso não é feito, eles se tornam pedras de tropeço no caminho daqueles que têm o ambiente, o tempo e a capacidade de lutar para obter o domínio da arte da concentração.

Os estados de alfa e teta são a propria antítese dos estados atentos e concentrados da mente, essenciais para a evolução do cérebro. Eles têm seu próprio valor para repouso, liberação, relaxamento, mas não pode haver absurdo maior do que fazê-los passar por estados iluminativos ou criativos, que dependem de uma certa constituição peculiar do cérebro e do sistema nervoso.

O estado mental grandemente atento de um escritor ou pensador, de um astrônomo ou de um psicólogo, profundamente absorvidos em seu trabalho, não é passivo, quiescente, vago ou semi-acordado, tal como o representado pelas ondas alfa ou teta. É um estado de concentração sem esforço, amadurecido pela prática, no qual a mente permanece ativamente engajada durante todo o tempo. Desse estado é possível passar tranqüilamente para o *Samadhi*, com a consciência contemplando a si mesma, em lugar do objeto contemplado, em toda a sua glória e ilimitada expansão.

Há uma diferença apenas no grau entre o cérebro de um grande intelectual e o de um místico iluminado. Portanto, uma consciência esclarecida, iluminada, jamais pode ser obtida mediante um truque de meditação, um artifício mágico ou o de uma dádiva miraculosa de um santo. É necessário o mesmo árduo trabalho e a predisposição hereditária, como qualquer outra faculdade extraordinária da mente.

É muito mais fácil que uma mente talentosa se torne iluminada do que a mente de um homem pouco inteligente. Essa possibilidade foi integralmente reconhecida pelos mestres hindus. Relances espontâneos de iluminação podem ocorrer principalmente em indivíduos dessa primeira categoria, e eles podem alcançar o estado unitivo com um esforço relativamente menor, com *jnana* (conhecimento discriminativo), *karma* (ação destituída de egoísmo) e *bhakti* (devoção), se modelam suas vidas e mantêm suas mentes em constante e calma reflexão sobre o Divino.

Os métodos recomendados por todos os grandes fundadores de religiões — preces devocionais, culto, pensamento constante voltado para a Deidade, meditação reverente e diária, e outras coisas assim —, com a vida harmoniosa e nobres traços de caráter, são muito mais eficazes para levar ao estado beatífico do que a maioria dos métodos modernos amplamente usados hoje. Não existe uma forma de cruzar a fronteira que separa o transcendental do mundano, a não ser pelos métodos prescritos na revelação, e pela ação de acordo com os princípios básicos comuns a todas as religiões reveladas da humanidade.

O Cultivo de Uma Atenção Continuada Leva à Ioga

A condição mental dispersa, desgarrada ou semi-acordada não é o estado voltado para o interior do verdadeiro místico ou vidente alerta. A imobilidade desse estado, conforme palavras de D. A. Baker, um místico beneditino, "é a imobilidade da águia em seus altos vôos, cortando o azul com as asas imóveis. É o repouso que nasce de uma soma incomum de energia atualizada, o repouso produzido pela ação, despercebido por ser tão veloz, tão próximo, tão realizador".

O estado final da Ioga, que é chamado *Samadhi*, é um estado de equilíbrio e calma, de imobilidade e beatitude, que vem de uma percepção tremendamente aumentada e que alça vôo para além das regiões alimentadas pelos sentidos e pela mente. Não se trata de um estado semiconsciente, mas superconsciente, no qual o interior do homem torna-se brilhante como o sol, e os saltitantes feixes de luz da consciência penetram em regiões para sempre fechadas ao olhar daqueles que não atingiram o estado terminal do cérebro, indispensável para a iluminação.

O ponto a ser particularmente enfatizado é que, tratando-se do paranormal e do transcendental, temos de distinguir entre os estados produzidos por dois métodos diferentes de abordagem do oculto e do divino. Um deles é o cultivo da atenção até o ponto que está inseparavelmente presente em todas as mentes excepcionalmente talentosas, onde ela pode permanecer na calma focalização de um objeto, ou de um sujeito, por prolongado período de tempo, sem esforço ou cansaço visíveis. Outras idéias, ou mesmo ligeiras impressões externas que vêm através dos sentidos, são excluídas. Esse é o poder da atenção absorta, característica de um Newton ou de um Einstein, ou de outros prodígios do conhecimento e da intelectualidade.

Esse poder de atenção continuada pode ser cultivado por esforço voluntário. Todos os métodos saudáveis da Ioga são designados para esse fim. Um iogue bem preparado ganha a possibilidade de manter facilmente uma continuidade ininterrupta de atenção absorta, da mesma forma com que um perito ciclista, ou nadador, ganha a possibilidade de manipular sua máquina ou manter-se à tona facilmente, sem esforço visível. "Com a mente sem divagar sobre qualquer outra coisa, harmonizada pela prática contínua, constantemente meditando, Ó Partha", diz o *Bhagavad Gîtâ* (8. 8), "a pessoa vai para o espírito, Supremo, Divino." Nesse processo acontecem certas modificações biológicas no cérebro, modificações que não precisamos discutir com pormenores aqui. Essa perfeição biológica já está presente no cérebro do homem de gênio, do intelectual destacado e do místico inato.

Outro método é o da descida voluntária para o subconsciente por meio da auto-hipnose, de formas passivas de meditação, da vacuidade do pensamento, deixando a mente divagar, ou com a fadiga, deliberadamente obtida, dos nervos ópticos ou auditivos. Há centenas de métodos em uso na Índia, no Tibete e na China para criar esses estados passivos, sonolentos, vazios ou visionários. Os que os praticam, deparando-se com vívidas experiências visionárias, ou enfrentando, face a face, espetáculos fantásticos apresentados pelo subconsciente, muitas vezes aceitam isso, em sua ignorância, como sinais de um despertar espiritual, o que está muito longe de ser verídico.

Por exemplo: na Índia, e em outros lugares, alguns dos *Sadhakas* são solicitados a olhar fixamente para certos diagramas complicados que os fascinam, e, ao mesmo tempo, aturdem a mente, tais como uma mandala, triângulos ou círculos entrecruzados, um pingo de tinta sobre a unha do polegar ou certos sons, como o mantra *Aum*, ou o próprio reflexo no espelho, especialmente o reflexo dos olhos, com um estado mental relaxado, divagador ou passivo.

Em outros casos, eles olham fixamente para um círculo preto, pendurado a uma parede, ou para o céu, ou apenas observam, como espectadores, o fluxo da veloz torrente de pensamento, ou imaginam vibrações de força vindas de seu preceptor etc. Os pensamentos podem, às vezes, fluir sem restrições para onde quer que desejem. O resultado é óbvio. Em muitos casos, depois de intervalos que variam, acontecem um transe ou uma condição semidesperta. Os que praticam começam a ter extraordinárias experiências visionárias, como as que são descritas pelos que praticam métodos autógenos, ou formas passivas, ou de mente em branco, quando em meditação. Mas essa condição está tão distante da iluminação quanto o Pólo Norte está distante do Pólo Sul.

Esses são os mesmos métodos e os mesmos artifícios usados pelos modernos hipnotizadores para provocar o transe sonambúlico em seus pacientes. Eles usam espelhos giratórios, luzes cintilantes, bolas de cristal, curiosos desenhos geométricos, várias oscilações, sons monótonos, ou música fantástica, com estado mental passivo, a fim de produzir a condição hipnótica. Mas onde está a diferença, se em lugar de olhar para os olhos de um hipnotizador alguém olha para o reflexo de seus próprios olhos num espelho, ou para os olhos de um companheiro, em busca da mesma condição mental?

Muitas vezes nos deparamos com o que está em nosso subconsciente quando ficamos sob a influência de drogas ou em sonhos. As drogas embotam ou desfiguram a consciência de superfície. O que o êxtase místico revela é um estado superlativo de percepção, que transcende tanto a mente consciente como a subconsciente, revelando o universo sob uma nova luz, jamais observada antes.

É surpreendente ver o quanto podem ser sugestionáveis mesmo os altamente inteligentes e os eruditos. Seu saber ou perspicácia intelectual não podem protegê-los quando caem vítimas das tendências inatas da mente. Eles deixam de compreender que quando um mestre espiritual — depois de expor certo método de disciplina ou de controle mental — diz que, com a prática, logo verão coisas estranhas, ou terão experiências sem igual, está plantando uma sugestão que um dia dará frutos.

Não é de surpreender, portanto, que algumas pessoas tratem o estado de iluminação e o transe hipnótico como coisas idênticas. Se forem continuadas por prolongados períodos, em grande escala, o efeito dessas práticas será realmente regressivo e antievolucionário. A estagnação mental que manteve o outrora espiritualmente avançado povo da Índia, e de outros lugares, ligados a idéias e crenças errôneas durante séculos, até serem salvos da rotina, recentemente, pela difusão do conhecimento, foi, de certa forma, devida a essas práticas negativas e antievolucionárias.

É característico do impulso evolucionário que opera na raça que uma mente muitíssimo inteligente, ou, digamos, uma consciência mais evoluída, procure um modo de fugir da prisão racional formada pelos sentidos e pelo intelecto. A forma natural de satisfazer esse anseio mediante uma porção maior de liberdade para o espírito é despertar as forças adormecidas do corpo — forças essas fornecidas pela natureza — a fim de efetuar a necessária transformação do cérebro. Os métodos eficazes para alcançar esse objetivo são os mesmos que a natureza instituiu para que se ganhe a perfeição em todos os ramos do conhecimento e da inteligência: persistente aplicação mental, estudo e prática feita de forma saudável. Esses métodos, quando aplicados à mente e à consciência, levam àquele estado intuitivo que tem sido o manancial de todo o conhecimento metafísico ou espiritual conquistado pela humanidade.

O uso de métodos para descer ao subconsciente, para ter experiências sobrenaturais, pode ser apontado desde períodos remotos da história. Tais métodos têm sido, quase que invariavelmente, um acessório das práticas religiosas dos povos primitivos. Eles também são usados em magia, feitiçaria, bruxaria e necromancia. É uma pena que muitos cientistas dedicados, agora engajados nessa investigação, não tenham conseguido fazer distinção entre esses dois métodos antagônicos de abordagem do transcendental.

O uso dessas práticas para alcançar o subconsciente a fim de ter experiências fantásticas, ou mesmo agradáveis, nunca produziram um grande gênio ou um vidente iluminado. Se esse tipo de meditação e de cultivo da mente estivesse conforme com as tendências naturais da psique humana, então seria nas antigas terras altas do Tibete e nas férteis planícies da Índia e da China que a safra de gênios que floresceu na Europa e na América nos séculos XVIII e XIX teria nascido. Nesse caso, a Índia nunca teria deixado de reproduzir uma reiterada safra de gênios espirituais e de videntes iluminados, como os que iluminaram o período upanixádico. O fato de não ter acontecido isso constitui um claro testemunho de que algo estava faltando na organização social, na vida, no pensamento e nas práticas religiosas que se seguiram ao período ascendente da idade védica.

A credulidade, a inércia ou a ignorância dos eruditos modernos, nessa esfera de vital importância para o progesso e a segurança da raça, estão na origem dessa confusão. A ciência, até agora, tem estado preocupada principalmente com a descoberta de leis que regem o universo material e a estrutura biológica do homem. Através de seus esforços, a humanidade alcançou, agora, uma elevação intelectual na qual ela se vê obrigada a conhecer as leis de sua mente e de sua consciência em evolução. Isso requer um prolongado e profundo estudo do fenômeno, tal como o que foi devotado a outros campos do conhecimento nos últimos duzentos anos.

Os métodos atuais, arbitrários e sem sistematização, dirigidos ao entendimento da natureza do êxtase místico e à meta da evolução da mente humana — como o *biofeedback*, a hipnose, as drogas e tudo o mais — só podem ser considerados como salto no escuro de um pico rodeado de profundezas abissais por todos os lados.

O objetivo do processo evolucionário é libertar cada vez mais a mente autoconsciente do homem da escravidão do subconsciente a fim de capacitá-lo a chegar aos níveis da cognição que, na presente condição de cativeiro, ele jamais poderá alcançar. Tal como um homem acordando de um sonho assustador retoma seu estado normal com profunda sensação de grato alívio, também o vidente acordado contempla, com alegria e gratidão, o transcendente estado do ser recentemente alcançado, livre da entorpecedora prisão do mundo sensorial. Esse processo de libertação é muitíssimo retardado quando a mente consciente falha no afirmar-se e submeter-se, docilmente, às ordens do subconsciente.

A evolução espiritual não implica maior habilidade na penetração das regiões da mente humana que se situam logo abaixo da superfície, mas concorre para elevá-la a níveis de percepção que ela jamais possuiu antes. Todo o progresso da humanidade tem sido conseqüência desse aumento da percepção de mentes bem dotadas.

As mais graves desorganizações da civilização moderna devem sua existência à deplorável carência de métodos salutares de cultivo da mente e de formação de caráter para se adaptarem aos processos evolucionários interiormente ativos. Outrora, a religião, até certo ponto, supria essa necessidade vital. Agora, porém, nova orientação é exigida. Os indivíduos que nascem com a consciência mais aberta e dotados de inteligência excepcional são assim atirados num mundo inteiramente esquecido da necessidade de disciplinas psicológicas, a fim de que possam acertar o passo com o desenvolvimento interno.

O aumento alarmante de adeptos de drogas, de alcoólatras, de grandes fumantes, de histéricos, de delinqüentes, de anarquistas, de ociosos e dos que se rebelam contra a sociedade, causando um aumento não menos alarmante de perturbações mentais, de crimes e de violência, constitui um resultado inevitável dessa grave negligência.

Se a humanidade tiver de ser salva do desastre, o cultivo voluntário da mente e a formação do caráter, como preparação para a vinda de uma consciência maior — pelo menos no caso de indivíduos geneticamente prontos para o desenvolvimento —, deveriam formar parte integrante de todos os sistemas educacionais, tal como são, hoje, o exercício físico e a higiene.

Não está longe o dia em que, com a compreensão da irresistível tendência evolutiva do corpo humano, a elite será compelida a curvar-se, submissa, diante dessa imperiosa exigência do cérebro humano em evolução que está levando a humanidade para um destino glorioso e predeterminado.

A inextinguível centelha da indagação, no homem, jamais terá repouso feliz enquanto não encontrar a resposta para seus próprios problemas.

A resposta jamais poderá vir do intelecto, que já está cambaleando sob o peso dos conhecimentos que reuniu até o momento presente. Mas virá através de um canal superior de percepção paranormal, canal que a humanidade deve desenvolver para realizar o seu destino.

Toda a trama da vida humana, suas estruturas sociais, políticas, religiosas e educacionais, terão de ser remodeladas para se adaptarem a essa necessidade. O cultivo da mente e o rearmamento moral são os dois ingredientes mais essenciais para esse inevitável reajustamento. A humanidade encontra-se agora frente a frente com a situação mais crítica de sua carreira evolutiva, uma situação que pede reflexão, calma, estudo e pesquisa, e não os expedientes aleatórios que estamos adotando no momento.

IV

O OBJETIVO DA MEDITAÇÃO

A mente intensamente concentrada num único objeto é como um pássaro de asas atadas que não pode mover a cabeça. Nessa condição, ele só pode ver o que estiver diretamente diante de seus olhos. Não tem, absolutamente, qualquer possibilidade de fazer seu vôo em círculos cada vez mais amplos, até o infinito. Um estado de abstração como o de um matemático resolvendo problemas, ou o de um pintor desenhando retratos é, realmente, o que precisa ser cultivado. Um fabricante de flechas tão absorvido em seu trabalho que deixa de ver o rei que vai passando por ele, tornou-se exemplo clássico desse caso nos tratados hindus.

O objetivo da concentração é estimular o reservatório adormecido da energia psíquica para alimentar o cérebro. A simples conservação da mente focalizada num ponto único não é, em si mesma, iluminação. Só quando há um fluxo de energia para o cérebro é que a mente pode fugir das cadeias do corpo e observar a transformação desse mesmo cérebro numa entidade oceânica, com estupefação e temeroso respeito.

A sensação de luz, de fogo ou de iluminação interior é um sinal que distingue o fluxo dessa força psíquica. O intelecto continua a funcionar ao fundo, pois de que outra forma tal condição poderia ser avaliada e descrita? Isso está claramente mencionado nas escrituras hindus. Se a intensa concentração e a focalização de um único ponto fossem pré-condição indispensável, então outras formas de Ioga — como, por exemplo, a Ioga da ação destituída de egoísmo, ou a devoção e a discriminação intelectual (a "sabedoria de Platão") — seriam inteiramente ineficazes para induzir ao estado místico.

Nesse caso, como poderíamos explicar as experiências dos que têm relances esporádicos de iluminação? Há todo um exército de homens e mulheres talentosos que, sem qualquer disciplina ou prática de Ioga, receberam a experiência que lhes foi imposta de uma forma que deixou marca permanente em todo o curso de suas vidas. O impacto da experiência foi tão forte que eclipsou outros casos extraordinários que tinham vivido. Entre essas pessoas estão notáveis cientistas e eruditos, cuja agudeza de percepção e nitidez de observação não podem sofrer a menor sombra de dúvida.

Entre eles estão figuras eminentes, tais como Pascal, Tennyson, Wordsworth, Charlotte Brönte, Walt Whitman, Richard M. Bucke, George Eliot, D. H. Lawrence, Nietzsche e muitos outros. Suas descrições desse estado extraordinário possuem certos aspectos que, para quem passou pela mesma experiência, fixam imediatamente o selo da autenticidade.

Algumas sentenças de três ou quatro desses casos vão esclarecer o que quero dizer: "Eu estava tomado de uma satisfação tranqüila, quase passiva, sem realmente pensar, mas deixando que idéias, imagens, emoções, fluíssem por si mesmas, por assim dizer, através da minha mente", diz Bucke. "Súbito, sem qualquer aviso, vi-me envolvido numa nuvem com cor de chama. Por um instante pensei em fogo... Logo depois tive uma sensação de exultação, de júbilo imenso, acompanhada, ou imediatamente seguida, de uma iluminação intelectual impossível de descrever... Vi que o universo não é composto de matéria morta, mas, ao contrário, é uma Presença Viva..."

A experiência de Arthur Koestler é de certa forma diferente, mas refere-se, claramente, à mesma súbita transformação da consciência. "Esse clichê teve um efeito forte e inesperado. Vi a fórmula de Einstein que abalou o mundo — energia igual à massa multiplicada pelo quadrado da velocidade da luz — pairando como uma névoa rarefeita sobre as geleiras, e essa imagem trazia consigo infinita paz e tranqüilidade... A sensação de estar sufocado pela indignação foi sucedida por uma quietude relaxada e pela autodissolvente calma da sensação oceânica..."

A versão de Nietzsche também parece diferente, mas se a examinarmos mais detidamente, transmite o mesmo significado e mostra a mesma expansão da consciência. "Alguém já observou que a música liberta o espírito e dá asas ao pensamento?... O céu cinzento da abstração parece fremir com os relances dos relâmpagos, a luz é forte bastante para revelar todos os pormenores das coisas, para permitir que alguém lute com seus problemas, e o mundo é observado como que do alto de uma montanha... Respostas inesperadas tombam sobre seu colo, pequena tempestade de granizo e sabedoria, de problemas resolvidos. Onde estou eu?

A expansão da consciência não só aparece com uma sensação de beatitude, de calma e paz, uma sensação oceânica ou a percepção de uma Presença infinita, mas, também, muitas vezes, com problemas resolvidos e enigmas respondidos. Ela tem vindo através da história, e continuará a vir até o fim dos tempos, com novas obras-primas de música, poesia e arte, novas descobertas da ciência e novos horizontes para o pensamento filosófico.

É um erro separar a experiência mística dos impulsos criativos da mente humana. A consciência humana cresce num círculo sempre crescente, e, nesse processo, continua a atirar para o regaço da humanidade tudo quanto é precioso em literatura, arte e ciência. Cada grande intelectual, cada gênio, dotado com criatividade, está muito próximo da fronteira a partir da qual tem início o território místico. A visão e a experiência podem vir a qualquer momento.

O maior obstáculo é a antagônica estrutura mental da própria pessoa. Todos os sistemas de Ioga, na Índia, e cada forma de disciplina religiosa, de culto ou de oração são destinados a ultrapassar as barreiras colocadas pelo intelecto supercrítico, pelo dogma, pelo ceticismo, pelo ego, pelo orgulho e por outros traços recalcitrantes da mente.

Há também outras concepções errôneas sobre o estado beatífico. Sobre a realidade de tempo, por exemplo. "Uma terceira característica de todos os místicos metafísicos", diz Bertrand Russell, "é a negação da realidade do tempo. Isso é o resultado da negação da divisão; se tudo é um, a distinção entre passado e futuro deve ser ilusória."

É um erro sério negar a realidade do tempo ou do espaço ou, em outras palavras, a realidade do universo visível, com base na experiência mística. Nenhum astronauta sensível iria negar a realidade do ambiente encontrado na terra baseando-se na sua experiência do espaço exterior. Tal estrutura mental seria desastrosa para a sua própria segurança. No transe místico, o que se observa é o mundo de vida e consciência. É uma proposição diferente do mundo dos fenômenos. Portanto, o que é testemunhado ali não pode ser aplicado, palavra por palavra, ao mundo exterior.

Essa estrutura mental muitas vezes tem levado àquela apatia em relação aos problemas da vida, que segurou com sua mão de ferro tantas pessoas inteligentes, até que a moderna ciência veio demonstrar as enormes potencialidades presentes na matéria para modelar a vida da humanidade. O místico que pretender ignorar as exigências básicas de seu corpo, sentindo o arrebatamento de sua extasiante experiência, perderia, depois de algum tempo, não apenas o arrebatamento, mas talvez também a vida.

A perda do sentido de tempo ocorre, também, nos excitantes jogos do amor, no sono e no sonho, quando observamos uma cena absorvente ou ouvimos música, ou estamos empenhados num trabalho criativo. Amantes que se encontram clandestinamente vêem as horas passar como se elas não tivessem duração, enquanto meia hora de espera parece uma eternidade.

No transe místico, o sentido do tempo se perde por causa da intensidade da experiência e da natureza intemporal da própria consciência. O mesmo pode acontecer, em menor grau, quando lemos um livro absorvente, ou ouvimos uma história impressionante narrada por um perfeito contador de histórias. No êxtase perene, a existência do mundo temporal continua no ambiente de uma Presença intemporal. Se não fosse assim, não haveria possibilidade de uma evolução maior da consciência para um estágio místico.

O *Samadhi* autêntico, ou experiência transcendental, é como a entrada num país maravilhoso onde a própria consciência, e não o mundo dos sentidos, torna-se o fascinante objeto da contemplação. A mente e o intelecto permanecem inabaláveis na observação de um estonteante espetáculo que se situa além do que quer que se conheça na terra, mesmo em sonhos. Observem as palavras de Tennyson, quando ele diz: "Senti minha alma e meu espírito crescerem poderosamente com tão vasto círculo de pensamento. . ."

A única chave para a compreensão da consciência mística está no tratar o fenômeno como uma metamorfose na capacidade cognitiva do observador. A alma cresce vigorosamente e o olho mental amplia-se imensamente. Quando a mente de um iluminado se volta para o interior, o panorama que ele descortina é o de um colossal mundo de vida que torna pequeníssima a imagem do mundo exterior — presente em sua imaginação — fazendo-o insignificante. O que se sente é uma Presença viva, um inexprimível oceano de consciência difundido por toda parte. A imagem do mundo parece flutuar, como o reflexo num espelho, ocupando apenas uma pequena porção da sua ilimitada periferia.

Isso também é verdadeiro em relação ao estado místico com experiências visionárias. A imagem de Deus ou da Deidade, percebida na visão, não é apenas uma imagem terrena, envolvida em espaço e tempo, mas algo supraterrâneo e divino, imanente e majestoso, que reúne forma e feitio por causa da própria consciência do vidente, consciência que se expandiu altamente. Em outras palavras, a visão é uma projeção da própria consciência mística.

O que desejo enfatizar é o fato de que a consciência mística — seja de natureza esporádica, seja um traço permanente da personalidade — não é habitual ou comum como estado de percepção humana. Mesmo que a função do pensamento seja detida pela prática de uma disciplina qualquer, a dimensão da consciência que observa não é materialmente afetada. Isso também é aceito por Patanjali, autor das *Ioga Sutras*.

Desde que a distinção entre o sujeito e o objeto da contemplação continue a existir, a experiência do *Samadhi* não se dá. O sujeito e o objeto devem tornar-se um, e a consciência deve fluir para si mesma, levando a uma nova área de percepção nunca antes experimentada. "O eu, harmonizado pela Ioga, vê o Eu existente em todos os seres, e em toda parte vê a mesma coisa", diz o Bhagavad Gîtâ (6.29). Não há ambivalência nessa declaração. A implicação é clara e fica além da dúvida. O objetivo fundamental da Ioga é criar uma consciência que vê o mundo visível sob uma nova luz, não como algo alheio ou estranho a ela, mas como parte inseparável dela própria. Isto indica, claramente, a metamorfose do observador.

Olhando para os objetos que o rodeiam, ele agora vê algo novo, que antes jamais observara. Percebe a diferença nas formas, as durações do tempo e as distâncias, tão distintamente como antes, talvez mais nítidas do que antes. Mas, ao mesmo tempo, vê todas essas coisas ensartadas na consciência como as pérolas de um colar estão ensartadas no fio que corre através de todas elas. A consciência, agora, torna-se a realidade primordial para o místico em estado de vigília, de sonho ou de transe. É por essa razão que, na Índia, todas as autoridades em estados superiores de consciência concordam no ponto que diz que a *Turiya* — o estado transcendental — cobre todos os outros estados de consciência.

A consciência iluminada, que vê o divino em cada objeto, em cada escaninho e em cada recanto do universo, não perde, portanto, o senso da forma, mas percebe distintamente tudo, como antes. Pelo contrário, outra faculdade é acrescentada à mente, capacitando-a para perceber o que nunca vira antes: o palpitante mundo da vida, os inexprimíveis fluxos de consciência fluindo por todos os lados, como as águas transparentes de um lago translúcido que fazem com que numerosas criaturas aquáticas, e as plantas que vivem sob a sua superfície, se tornem distintamente visíveis sem a menor transformação de suas formas. A sensação de admiração e de respeitoso temor, de uma experiência realizada, de uma alegria sem peias e da convicção da imortalidade flui dessa excitante transformação testemunhada pela própria pessoa.

Para onde quer que a consciência iluminada olhe, ela vê a projeção de si mesma, diversificada nos inumeráveis objetos que observa. Mas isso não é tudo. Quando os contatos externos são excluídos e a consciência paira sobre si mesma, ela deixa depressa a âncora do corpo e, estendendo-se em brilhantes vagas de percepção não diferenciada, assume a proporção de ilimitado oceano, no qual o ego dissolvido retém apenas a individualidade necessária para se sentir uno com um universo estupendo do ser, que não tem princípio nem fim.

A presente confusão entre professores de Ioga e alguns cientistas nasce do fato de que a experiência mística não tem sido estudada da mesma forma metódica com que se estuda qualquer outro misterioso fenômeno físico. Tem-se dado demasiada confiança às versões de alguns autores modernos que se colocam em posição de místicos sem terem realmente tido a verdadeira experiência mística. Poucos investigadores dos dias atuais têm qualquer idéia concreta sobre a topografia da região que estão explorando. Quase todos os investigadores têm opiniões próprias sobre o caso e tentam encontrar uma evidência confirmadora para mostrar que estão com a razão. Isso é a própria antítese do que seja a abordagem correta do numinoso.

O intelecto deveria apresentar-se como uma lousa limpa, pois tratamos aqui com aquelas áreas da criação que se situam além da sondagem da razão. Isso eliminaria à possibilidade de julgamento apressado e irrefletido, posição que tem sido adotada recentemente.

Considera-se, por exemplo, esta declaração de Aldous Huxley: "Isso acontecerá como resultado de descobertas bioquímicas que tornarão possível, para grande número de homens e mulheres, alcançar uma autotranscendência radical e uma compreensão mais profunda da natureza das coisas. E essa revivescência da religião será, ao mesmo tempo, uma revolução. De atividade que se ocupava principalmente com símbolos, a religião se transformará numa atividade preocupada principalmente com a experiência e a intuição — e com o misticismo cotidiano, fundamentando e dando significação ao raciocínio cotidiano, às tarefas e deveres cotidianos, às cotidianas relações humanas".

A inferência óbvia é que o uso de reagentes bioquímicos ou de drogas tornaria possível aos seres humanos provarem o sabor da experiência mística. Nada pode ser mais errado nem estar mais distante da resposta verdadeira. Não há dúvida de que a experiência mística implica, essencialmente, uma transformação biológica do cérebro, mas essa transformação é do mesmo tipo da concepção e do crescimento de um embrião.

A criança vem a ser, sem dúvida, como que o resultado de certos processos bioquímicos, mas poderemos acaso fazê-la sem o auxílio do sêmen humano? A transformação do cérebro, que leva à consciência transcendental, precisa do toque superinteligente, orientador, da força vital que está na base de todos os fenômenos da vida.

É esse *elemento misterioso no sêmen humano* o responsável por toda a agitada atividade que ocorre no útero. Trata-se de um meio cósmico que nenhum engenho humano jamais conseguiu criar. Vindas da pena de escritores de tanta popularidade como Aldous Huxley, declarações como as que fez têm prejudicado grandemente a investigação dos fenômenos místicos, descrevendo-os como uma alteração da consciência que as drogas poderiam tornar possível.

"O elemento criativo da mente humana, esse estado latente, que pode conceber deuses, esculpir estátuas, mover o coração dentro dos símbolos da grande poesia, ou inventar fórmulas da física moderna", diz Loren Eiseley, "emerge de forma misteriosa, como essas partículas elementares que saltam, em momentânea existência, em grandes ciclotrons, para desvanecerem-se outra vez como fantasmas infinitesimais. A realidade que conhecemos em nosso limitado prazo de existência apouca-se diante do potencial invisível dos abismos, a cuja margem a ciência se detém."

O estado místico autêntico assinala uma mudança na profundidade de toda a personalidade humana e o desenvolvimento de um novo órgão de percepção, conhecido desde tempos imemoriais com diversos nomes, tais como Terceiro Olho, Sexto Sentido, Olho da Sabedoria, Visão Divina e outros.

"Como o desenvolvimento da vida significa o nascimento e crescimento da consciência", diz Teilhard de Chardin, "esse desenvolvimento não poderia continuar indefinidamente em sua mesma linha sem uma transformação em profundidade, como todos os grandes desenvolvimentos do mundo."

Acreditar que métodos superficiais, tais como drogas, hipnose, meditação orientada, mantras ou estados mentais passivos e sonolentos possam levar à iluminação é ter um conhecimento superficial da experiência mística. A experiência mística, mesmo quando esporádica, denota um salto para uma dimensão mais ampla da consciência que é o alvo da evolução da raça humana.

"Se Deus e a alma humana fossem completamente diferentes, nenhuma quantidade de raciocínio lógico e de meditação poderiam levar-nos à realidade de Deus", diz Radhakrishnan. "A consciência de Deus é tanto um dom original dos seres humanos quanto a autoconsciência. Há graus na consciência de Deus, como há graus na autoconsciência. Em muitos homens, elas são enevoadas e confusas; somente na alma redimida elas se manifestam por completo."

Portanto, na experiência mística, testemunhamos uma nova variedade de consciência que é absolutamente indescritível por aqueles que não a experimentaram alguma vez. "Tudo quanto podemos observar diretamente no mundo físico acontece dentro da nossa cabeça e consiste em eventos mentais, pelo menos num sentido da palavra mental", diz Bertrand Russell. "Consiste, também, em eventos que formam parte do mundo físico. O desenvolvimento deste ponto de vista leva-nos à conclusão de que a distinção entre mente e matéria é ilusória. A matéria do mundo pode ser chamada de física ou de mental, ou de nenhuma das duas, como quisermos; na verdade, as palavras não servem para nenhum propósito."

Na consciência mística perene, a posição do sujeito e do objeto permanece a mesma, com uma diferença: agora, a consciência subjetiva domina a cena.

A diferenciação de forma, seja qual for sua base física — do ponto de vista do nosso processo mental —, depende, primordialmente, da potencialidade da consciência para assumir formas multifárias, a fim de interpretar os eventos físicos sobre cuja natureza real nada sabemos, a não ser o que nos é revelado por nossa mente.

O que é notável nessa natureza sujeito-objeto do mundo e a consciência observadora é que, enquanto tudo quanto vemos, imaginamos, escrutinamos, ou pesamos, está constantemente flutuando, o espelho que reflete cada imagem e cada pensamento permanece o mesmo. O mesmo relacionamento sujeito-objeto — entre o mundo e o observador humano — continua a existir mesmo no caso da consciência iluminada, a não ser com esta diferença: o papel da consciência, como realidade por trás do mundo fenomenal do nome e da forma, torna-se óbvio.

O panorama que se estende até o derradeiro limite do horizonte e o vácuo do céu circundante, ao lado de todos os objetos físicos amontoados nele, parecem estar repletos de uma imanência, de uma gloriosa e inexprimível Presença, calma, serena e beatificante, intocada pelos acontecimentos e sublevações, por mais violentos que sejam. É como o leito profundo de um oceano que permanece imperturbado mesmo quando a mais furiosa tempestade chicoteia a superfície das águas, levantando massas, agitadas violentamente, de ondas em turbilhão.

Para o iluminado, portanto, o mundo divino e o das formas existem lado a lado, sem causar a menor confusão. A mudança em profundidade da consciência observadora revela um mundo novo e sutil, um mundo vivo e palpitante de indizível beleza, harmonia, felicidade e paz.

"Para cada uma dessas disciplinas", diz Platão em *A República*, "um certo órgão da alma é purificado e reanimado, órgão que é enceguecido e sepultado por estudos de outro tipo; órgão que vale mais ser poupado do que dez milhares de olhos, já que a Verdade só é percebida por ele."

Esse é o olho divino que vê o um em muitos e a unidade na diversidade. Essa é a divina flama, que arde por toda parte para iluminar o universo dos sóis e das terras. Esse órgão transcendental dos verdadeiramente iluminados penetra a escuridão — *avidya* — da mente humana normal, para introduzir uma feição nova na consciência do observador. O mundo fenomenal já não parece ser um monstruoso caldeirão de massas giratórias e de forças em conflito, mas uma criação planejada por uma Inteligência Cósmica que governa cada átomo da multidão colossal.

"A Deidade não está na madeira, na pedra ou na argila", diz Sankhara. "A Deidade está na virtude do sentimento místico. Portanto, o sentimento místico é a causa." No caso da iluminação, esse "sentimento místico" denota uma percepção aumentada da radiância viva que envolve cada objeto visto, a onipresente glória de Deus, que vem ao encontro dos olhos do místico emancipado e do conhecedor de Brahma em seu contato diário com pessoas e coisas.

"Por necessidade da nossa constituição, um certo entusiasmo acompanha a consciência individual dessa presença divina", diz Emerson. "O caráter e o entusiasmo variam com o estado do indivíduo, que vai desde o êxtase, o transe e a inspiração profética — que é de aparecimento mais raro — até o mais tênue brilho de pura emoção."

Há, certamente, graus de iluminação. Embora o alvo seja o mesmo para todos os seres humanos, a variedade na constituição dos corpos humanos causa diferença nos graus de iluminação. Em alguns casos, a experiência pode até levar à insanidade. Em todos os casos adiantados de iluminação, ocorre, como disse Alan Watts, "a sensação de que tudo, tanto interior como exteriormente, está acontecendo por si mesmo; ainda assim, ao mesmo tempo, parece que a própria pessoa está fazendo aquilo tudo".

No caso de iluminação integral, a acuidade de percepção do mundo das formas permanece inteiramente intocada. Se algo muda é o que ela ganha na descoberta da beleza, da harmonia, da graça, na percepção da riqueza das cores e de timbre e de um excitante senso de identidade com toda a criação, senso que está ausente da mente não favorecida pela graça. Na verdade, por sua própria e segura expressão, a estética e a moral são os atributos necessários de uma personalidade abençoada com a visão espiritual.

"Poucos homens podem alcançar essa visão divina, por causa de sua própria incapacidade e pelo caráter misterioso da luz na qual ela é vista", diz John Ruysbroeck. "Portanto, ninguém compreenderá integralmente o seu significado através de estudo ou de sutis considerações pessoais. Porque tudo quanto pode ser aprendido ou compreendido, à maneira das criaturas, é estranho, e fica muito abaixo da verdade que Eu represento."

A Luz que vê, que percebe o um em muitos, e uma divina imanência difundindo-se em cada objeto visto, é um atributo da consciência iluminada. No iluminado, a Luz que vê e o mundo combinam-se na apresentação de um quadro muito mais significativo do universo, um quadro muito mais calmo e muito mais harmonioso.

Falando de sua própria iluminação, Ramana Maharshi explica: "... O medo da morte havia desaparecido imediatamente e para sempre. A absorção no 'Eu' continuou ininterrupta dessa ocasião em diante. Outros pensamentos podiam ir e vir como as várias notas de música, mas o 'Eu' continuava como a nota fundamental *Shruti*, que sublima e se mescla com todas as outras notas. Se o corpo se ocupava em falar, em ler ou em qualquer outra coisa, eu ainda estava centralizado no 'Eu'. Antes dessa crise, eu não tinha a percepção clara do meu 'Eu', e não me sentia conscientemente atraído para ele..."

As declarações de Ramana Maharshi poderiam ser multiplicadas indefinidamente. No estado perene de êxtase, conhecido na Índia como Sahaja ou Jnana Ioga, o estado unitivo de percepção torna-se uma posse normal do iluminado. Comendo, bebendo, dormindo ou acordado, a glória da alma, seja na contemplação do universo exterior, seja na introspecção, jamais se perde. Ela continua a brilhar, como se um brilhante sol de vida tivesse iluminado para sempre o interior.

Comparem agora essa descrição do estado beatífico, feita por incontáveis luminares desde a aurora da história, com a opinião lançada por Richard Davidson sobre a natureza da experiência mística: "Com a instrumentação que agora está disponível, não só é possível evoluir a novos estados de consciência pelo controle de uma variedade de parâmetros internos, mas uma pessoa pode, também, ajudar outras a alcançar estados que têm sido conhecido dos que praticam o Zen e a Ioga há séculos. Estudando esses praticantes com técnicas fisiológicas registradas, podemos determinar quais os aspectos de sua fisiologia que eles alteram para obter tais estados..."

Que resposta pode haver para uma declaração fantástica como essa? Ou toda a galáxia dos maiores prodígios espirituais e intelectuais da terra — Jesus, Buda, Sócrates, Platão, Plotino, São Paulo, Shankaracharya, Lao-Tsé, Nietzsche, Bergson, Ramakrishna, Aurobindo, Whitman, Emerson e muitos, muitos outros — foram lamentável e erradamente iludidos, ou há alguma coisa radicalmente errônea e confusa com os modernos conceitos sobre o estado beatífico para que exista uma opinião tão inteiramente errada e indefensável, lançando raízes nas mentes de intelectuais de alto gabarito.

O resultado dessa ignorância pode ser catastrófico, em vista do fato de que uma dimensão superior de consciência, espiritualmente iluminada, é a meta da evolução da humanidade. Nem por qualquer manipulação da mente, nem por mudanças artificialmente criadas no ritmo metabólico do corpo, nem com o auxílio de algum instrumento ou droga, a consciência mística pode ser introduzida num sistema que não esteja geneticamente maduro para a sua manifestação. É somente em homens e mulheres cujo cérebro e sistema nervoso já alcançaram certo estágio de maturidade, que a Ioga — ou qualquer outra disciplina — pode ter o efeito de gerar processos biológicos que levam à iluminação.

Os que têm uma experiência súbita, espontânea do estado místico — e seu número é legião —, estão organicamente amadurecidos para o evento e só precisam de um estimulante ou de um impulso para que venha o êxtase. As rigorosas disciplinas da Ioga, o controle da respiração, as regras de alimentação, do sono e dos exercícios físicos — a concentração da mente — são, todos, métodos para a utilização de certas forças corpóreas adormecidas para causarem mudanças orgânicas que predispõem à consciência mística.

Quem é abençoado com a visão mística, mesmo que esteja na pobreza, é intimamente monarca. Vive em integral consciência da Luz gloriosa, que brilha não só no seu interior mas em todos os objetos do mundo circundante. O senso de identidade entre a imanência externa e interna continua sempre, ininterrupto. Um manto resplandecente de consciência cobre o observador e os objetos observados, sem nunca retirá-lo da precisão das imagens dos sentidos. A percepção de uma Presença divina em toda parte, criando a noção do Um em Muitos — traço persistente da experiência mística —, é um aspecto inalienável da iluminação.

As modernas inclinações caóticas do pensamento entre os que procuram o divino são o resultado de uma imagem deformada da consciência mística. Os aspirantes não sabem exatamente o que têm para lutar por isso. Uma compreensão nítida do alvo e da metamorfose envolvida, com todas as suas múltiplas implicações, não é possível para toda a gente. E nunca foi possível em época alguma da história.

Na Índia foi criado um ramo especial de literatura, no qual os aspectos metafísicos da experiência mística eram apresentados sob a forma de histórias inteligíveis para a massa. Atualmente, expoentes das várias disciplinas religiosas, sem perceberem a sublimidade do objetivo, têm contribuído grandemente para essa confusão. Eles prescrevem a mesma prática e repetem os mesmos ensinamentos que prevaleceram há milhares de anos atrás. Não levam em conta a radical mudança do ambiente que cerca os praticantes e o enorme salto que suas mentes deram desde então. O que foi saudável alimento mental numa época pode ser, na verdade, um veneno em outra.

Com seu penetrante intelecto, Jung previu esse perigo quando escreveu: "Grande como é o valor do Zen-budismo para a compreensão dos processos religiosos de transformação, seu uso entre ocidentais é muito problemático. O Ocidente carece da educação mental necessária para o Zen... Quem ousaria tomar a si a autoridade para tais experiências transformadoras nada ortodoxas, a não ser um homem pequeno para ser acreditado, um homem que, talvez por motivos psicológicos, tenha muito a dizer de si próprio..."

Em outro lugar, Jung prossegue: "Não poderia haver engano maior para um ocidental do que se dar à prática direta da Ioga chinesa, pois isso apenas fortaleceria a sua vontade e consciência contra o inconsciente e teria como efeito justamente o que se pretendia evitar. A neurose seria simplesmente intensificada, então... Ioga em Mayfair ou na Quinta Avenida, ou em qualquer outro lugar que esteja na lista telefônica seria uma fraude espiritual".

O quanto a análise de Jung demonstrou ser correta pelos acontecimentos é corroborado pelos bandos de inocentes homens e mulheres jovens para os quais uma vida normal, saudável, de firme aplicação mental e física tornou-se impossível. Centenas de milhares deles, atraídos da Europa e da América, vão aos bandos para os países do Oriente para viverem em incrível pobreza e carência, sem conseguirem reunir força bastante em sua mente para se arrancarem à letargia e ao vício dos quais, com freqüência, se vêem presos.

Já é mais do que tempo de se dar um basta a esse desperdício de vida, e de que um quadro secreto da consciência mística — corroborado pela evidência do passado — seja colocado diante das multidões famintas. Esse estudo psicológico é da mais alta importância, porque a natureza do impulso que arrasta milhões para as várias disciplinas, a fim de ganharem intuição espiritual, ainda é um mistério a ser explicado.

Métodos eficazes, seguros, salutares de autodisciplina para chegar às dimensões superiores da consciência — em harmonia com as normas sociais existentes e à atual altura do intelecto na humanidade — precisam ser projetados, se quisermos evitar maiores prejuízos. À luz desse fato, qualquer estudo científico das visões sagradas e dos estados místicos da consciência pode ser de imenso valor para todos os povos em toda parte.

V

O VERDADEIRO OBJETIVO DA IOGA*

Em toda a antiga literatura da Índia os adeptos da Ioga mantêm um lugar jamais igualado por qualquer outra classe de homens. O volume de literatura sobre Ioga é imenso. Só uma fração dele foi traduzida para línguas ocidentais, e um dos resultados dessa falta de informação suficiente sobre o assunto tem sido o fato de não estar ainda claramente compreendido o verdadeiro significado da Ioga.

Falando em linhas gerais, todos os sistemas de Ioga, na Índia, encaixam-se em duas categorias: Raja Ioga e Hatha Ioga. Raja, em sânscrito, refere-se a rei, e Hatha significa violência. A Raja Ioga implica uma forma soberana, ou fácil, de auto-realização, enquanto a Hatha Ioga é a mais vigorosa das duas. Ambos os sistemas baseiam-se nos Vedas e nos Upanixades, sendo as práticas e disciplinas principais comuns às duas.

Na Hatha Ioga, os exercícios respiratórios são mais fortes, acompanhados de algumas posições pouco normais, do queixo, do diafragma, da língua e de outras partes do corpo, para

* Este capítulo apareceu originalmente na Revista *Psychic*, jan./fev., 1973. 680 Beach St., San Francisco, Calif. 94109.

evitar a expulsão ou inalação de ar dos pulmões, a fim de induzir ao estado de respiração suspensa. É possível que isso tenha um efeito drástico sobre o sistema nervoso e o cérebro, sendo óbvio, assim, que tal disciplina seja muito perigosa. Mesmo na Índia, os que estão preparados para enfrentar a morte são os que ousam arrostar as disciplinas extremas da Hatha Ioga.

Não se deve pensar, mesmo por um momento, que a Ioga, sob tais formas, tenha oferecido o canal único para a auto-realização. Pelo contrário, não há qualquer menção à Ioga nos Vedas, a mais antiga escritura religiosa do mundo. Mesmo no principal Upanixade, manancial de todos os sistemas filosóficos e do pensamento espiritual da Índia, há somente uma referência passageira em dois ou três dos mais antigos. A escritura mais popular da Índia — o *Bhagavad Gîtâ* — e alguns dos maiores mestres espirituais recomendam outras disciplinas para a consecução dessa meta. Trata-se do Nishkama Karma (ação desinteressada como serviço a Deus), do *Bhakti* (atitude de extrema devoção para com o poder divino), *Jnana* (exercício do intelecto que distingue o real do falso) e do *Upasana* (culto e outras formas de disciplina religiosa prescritas em quase todas as grandes religiões do mundo).

Contudo, a Ioga tem seu próprio valor e importância. Ela combina certo número de disciplinas num intenso curso de treinamento, com o objetivo de tornar possível a iluminação espiritual durante a duração de uma existência. Diz-se, na Índia, que a alma humana passa por uma longa série de nascimentos e mortes, vindo e tornando a vir a este mundo dos eventos e dos desgostos, a fim de amadurecer o fruto da ação realizada na vida anterior. O ciclo continua, com a prática de disciplina religiosa, até que a pessoa consiga romper a corrente de causa e efeito, para alcançar o estado final de união com a Causa Primeira, que tudo permeia e tudo conhece do Universo.

O livro mais autorizado sobre Raja Ioga é o da Patanjali, *Ioga Sutras*, trabalho muitíssimo respeitável, que tem mais de dois mil anos de idade. Os livros autorizados da Hatha Ioga são *Hatha Ioga Pradipika, Siva Samhita* e outros, que se inspiram nos Tantras. Há centenas de livros sobre a filosofia Tantra e sobre as formas tântricas de culto.

A Ioga, segundo a exposição de Patanjali, consiste em oito passos, ou partes, e é, portanto, conhecida como Astanga Ioga, isto é, Ioga com oito membros. A Hatha Ioga também tem as mesmas oito seções, com pequenas diferenças de pormenores.

Os oito membros da Ioga são: *Yama*, que significa abstenção de todo pensamento e ação maus; *Niyana*, que significa observação religiosa diária, da pureza, austeridade, contentamento, estudo das escrituras, devoção a Deus etc. O terceiro é *Asana*, que significa postura ou, em outras palavras, a maneira mais saudável e conveniente de se sentar para a prática da Ioga. O quarto membro é *Pranayama*, que significa a regulamentação e controle da respiração. O quinto é *Pratyahara*, que significa submissão dos sentidos para trazê-los ao controle da mente, uma preparação muito necessária para a concentração. O sexto é a concentração da mente, conhecida como *Dharana*. O sétimo é *Dhyana*, que significa concentração firme, ininterrupta, durante certo espaço de tempo, ou profunda contemplação. E o último é *Samadhi*, que significa o estado de êxtase ou de arrebatamento na contemplação da realidade interior.

Assim, é de se ver que a Ioga é mais compreensível e complexa do que se supõe. Ela não só é *Asana*, ou postura, que se refere apenas a um método para manter o corpo firme e reto quando se pratica meditação. A prática das várias *Asa-*

nas é um exercício para a saúde, e é incorreto dizer que a pessoa capaz de praticar com eficiência várias *Asanas* está praticando Ioga. O correto seria dizer que ela está praticando esses exercícios para manter seu corpo em condição saudável e flexível.

A razão pela qual tão grande variedade de *Asanas* é recomendada nos livros de Hatha Ioga está no fato de que os neófitos têm de ficar sentados durante horas a fio, em intensa concentração. Qualquer tipo de exercício lhes é necessário para manter o corpo ajustado. Os livros sobre Raja Ioga geralmente deixam o estudante escolher uma *Asana* de sua preferência, sendo as mais comuns a *Padamasana* e a *Siddhasana*.

Da mesma maneira, uma simples concentração ou mesmo uma concentração com *Asana* e *Pranayama* não é Ioga. Há ascetas, na Índia, que podem fazer todas as oitenta e quatro formas de *Asanas* com perfeição, e continuam fazendo isso por toda a sua vida, mas nunca chegam à iluminação. Há, também, ascetas que podem suspender a respiração durante dias, de forma que conseguem ser enterrados ou colocados em câmaras hermeticamente seladas, durante dias e semanas, sem se sufocarem. Apesar, porém, de tão drásticas medidas, eles, muitas vezes, acordam como quem acorda de um profundo sono ou de um desmaio, sem sentir a menor expansão da consciência ou ganhar qualquer intuição de natureza transcendental. Isso é chamado *Jada-Samadhi*, que quer dizer *Samadhi* inconsciente. Trata-se de uma espécie de animação suspensa, semelhante à que os sapos e ursos têm quando hibernam durante o inverno.

Há, também, ascetas, na Índia, que se sentam em postura meditativa vinte e quatro horas por dia. Dormem enquanto estão sentados bem eretos e, ao acordar, depois de algumas horas, continuam em suas práticas de meditação. Eles vivem austeramente, ocupando-se todo o tempo com a meditação e a recitação dos mantras previstos pelos seus gurus, e continuam essas práticas durante dezenas de anos sem jamais se elevarem acima do nível humano de consciência ou de experiência do divino.

Há ascetas na Índia que recorrem a extremas autotorturas, e mesmo a mutilações, para aplacar sua ardente sede de experiência espiritual. Deitam-se com a carne nua sobre camas de pregos, ou mantêm um dos braços constantemente levantado até que o membro se torne atrofiado e venha a se tornar um toco. Alguns penduram-se em árvores, de cabeça para baixo, inalando a fumaça acre de uma fogueira. Outros ficam de pé sobre uma só perna dias e semanas, e há, mesmo, aqueles que olham fixamente para o esplendor do sol até perderem a visão.

Há ascetas na Índia que fumam ou comem preparações feitas de cânhamo (haxixe ou maconha) em enormes doses, permanecendo muitas vezes sob a influência da droga dia e noite. Essas práticas estiveram em voga, na Índia, durante muitos séculos, sem produzir um só espirito iluminado. Eremitas que usam drogas chegam a centenas de milhares e são uma fonte de infelicidade para eles próprios e para os outros. Narcóticos, alucinógenos e intoxicantes não ajudam, antes formam uma barreira insuperável no caminho da realização de Deus.

O interessante é que a palavra "ioga" deriva da raiz sânscrita *Yuj*, que significa jungir, juntar. Ioga, portanto, implica a união da alma individual com o espírito universal, ou consciência. De acordo com todas as autoridades, o estado final da união com o divino é extremamente difícil de alcançar. "Depois de muitos nascimentos" — diz o Bhagavad Gîtâ — "o investigador que discrimina busca alcançar-me, dizendo que tudo isso (a criação) é o Senhor. Alma assim tão grande é difícil de encontrar." Segundo os Tantras, de milhares que praticam a Hatha Ioga dificilmente há um que tenha êxito.

Imaginemos essa difícil "união" mais de perto. Dos milhões que têm estado praticando técnicas meditativas de Ioga, quantos, no Ocidente, alcançaram a expansão da consciência? Quantos ganharam esse estado de beatitude e de espontâneo fluxo de sabedoria superior que, desde tempos imemoriais, tem sido associado ao sucesso dessa empresa sagrada? Quantos publicaram suas experiências espirituais para oferecer um relance do transcendental a outros que procuram, a fim de inspirá-los e dar-lhes orientação a respeito do Caminho?

Na Índia, durante os últimos cem anos, o número de iluminados pode ser contado pelos dedos de uma só mão. Antigamente, a auto-revelação era o primeiro teste da pessoa espiritualmente iluminada. Os famosos videntes dos *Upanixades* — e mesmo Buda — tiveram de apresentar provas de autenticidade de suas experiências.

O objetivo da Ioga, então, é o de alcançar o estado de unidade ou de união com Deus, com Brahma, com seres espirituais, como Cristo, Krishna, com a Consciência Universal, com Atman ou Divindade... de acordo com a fé e a crença do devoto...

Pelas experiências registradas dos místicos cristãos, tais como São Paulo, São Francisco de Assis, Santa Teresa, Dionísio, o Areopagita, Santa Catarina de Siena e outros, e dos mestres sufis, incluindo Shamsi-Tabrez, Rumi, Abu Yazid, al-Nuti e al-Junaid, e pelas experiências de adeptos da Ioga, tais como Kabir, Guru Nank, Shankaracharya, Ramakrishna, Ramana Maharshi, para citar uns poucos, é óbvio que naquilo que é basicamente essencial a experiência é a mesma.

Durante o êxtase, ou transe, a consciência se transforma, e o iogue sufi ou místico encontra-se em relação direta com uma Presença dominadora. Essa Presença, calorosa, viva, consciente, difunde-se por toda parte e ocupa toda a mente e todos os pensamentos do devoto, que se perde em contemplação, inteiramente esquecido do mundo.

A experiência mística pode centralizar-se em torno de uma persolidade deificada, tal como um salvador, um profeta ou uma encarnação, ou em torno de um *shunya*, de um vácuo, ou da imagem de Deus que está presente na mente do devoto, ou pode centralizar-se numa imensa sensação de extensão infinita, num mundo de ser que não tem fim. Não é apenas a aparência da visão que tem importância na experiência mística. Visões também flutuam diante de olhos em condições de meia vigília, e também na histeria, na hipnose, na loucura e sob a influência de drogas e de intoxicantes.

É a *natureza* da visão — os sentimentos de temeroso respeito e de encantamento provocados pelo espetáculo que transcende tudo quanto é conhecido na terra. A expansão do ser, o senso de infinitude associado à figura, ou à Presença, e as emoções de supremo amor, de dependência, de completa entrega, marcam a experiência e a fazem de imensa importância, como um contato vivo com um estado de ser que não pertence a esta terra.

Mesmo um momentâneo contato com o divino é uma estupenda experiência. Alguns dos homens mais famosos da terra — os maiores pensadores e os mais completos escritores — tais como Platão, Plotino, Parmênides, Dante, Wordsworth e Tennyson, tiveram essa experiência. Emerson, e muitos, muitos homens de renome, tiveram essa experiência singular, a que eles foram impelidos com freqüência, para seu grato espanto. A maioria deles não era afeta a disciplinas espirituais, e houve até os que não tinham uma firme crença em Deus. Porque, mesmo quando inesperada, a experiência deixa uma marca permanente na vida, marca que eleva o indivíduo e lhe outorga intuições que não são possíveis para aqueles que jamais vêem além do véu.

A experiência tem sempre as mesmas características básicas. É incrível que tantos homens e mulheres dotados de cultura, tanto cientistas como eruditos, ignorassem um fenômeno tão difundido como tem sido a experiência mística. O fenômeno torna-se ainda mais surpreendente quando observamos que todos os grandes fundadores de religiões e alguns dos maiores filósofos, escritores e artistas foram agraciados com a visão beatífica. Todos eles reconheceram-na pelo que era — uma rápida visão de outra vida e de outro mundo.

A Ioga significa uma visão de relance de nós próprios, sem a prisão da carne e sem a atração da terra. Por um curto espaço de tempo, somos invencíveis, eternamente imunes à desagregação, à doença, ao fracasso e ao sofrimento. Não passamos de gotas num oceano de consciência, no qual o tempestuoso universo de sóis e planetas colossais parece um reflexo que não tem absolutamente nenhum efeito sobre a calma inalterável, a paz e a beatitude que enche essa ilimitada expansão do ser. Somos uma maravilha, um enigma, uma adivinha; mesmo aqueles que têm acesso a isso, em alguma ocasião de suas vidas, não podem descrever a experiência mística de uma forma que outros possam entender. Porque a alma pertence a uma outra região, a um outro estado de existência, a um outro plano de ser, onde nossos sentidos, mente e intelecto se debatem nas trevas.

Ioga também significa o fato de que essa metamorfose da consciência não é apenas osso e carne, mas uma entidade pensante, sensível, conhecedora, cuja verdadeira natureza ainda está oculta para os eruditos da nossa época, como esteve oculta para os sábios do passado. A consciência é algo intangível para os nossos sentidos e para a nossa mente. *"Neti, neti"*

("Não é isso, nem é aquilo") dizem os Upanixades, porque isso não pode ser descrito em termos de nada que seja percebido pelos nossos sentidos ou apreendido pela nossa mente.

Vocês podem explicar a si mesmos o que são ou quem são? Qual é a natureza dessa entidade que pensa, que conhece, desse ser sensível em nós, ser que é consciente do mundo que o rodeia e que nunca tem capacidade para responder a perguntas sobre de onde veio e para onde tem de ir?

O progresso material é o primeiro passo para o despertar espiritual. Em toda civilização do passado, quando morria o fumo e o pó das batalhas e lutas pela supremacia, as perguntas eternas — quem sou, qual é o mistério que está por trás dessa criação? começaram a agitar os mais inteligentes e as pessoas mais desenvolvidas da multidão.

As respostas fornecidas pelos sábios, entre os egípcios, os babilônios, os indo-arianos, os chineses, os persas, os gregos e romanos, ainda estão registradas, e é evidente que apenas esse desejo inquieto da alma, o de descobrir a si mesma, foi o que instigou o crescimento mental, científico e artístico da maioria dos homens. Na verdade, de início, todo o conhecimento nascia da pressão exercida pela sede religiosa do homem. Não há nada mais errado do que as opiniões expressas por alguns eruditos e cientistas, de que a experiência religiosa é uma condição patológica do cérebro ou uma invasão do inconsciente. Essa atitude irresponsável destrói os próprios fundamentos da preciosa insistência responsável pelo progresso da humanidade.

A Ioga objetiva dar respostas a essas momentosas perguntas, respostas que não podem ser fornecidas por negativas céticas, pelo uso de drogas, pelas *Asanas* ou *mantras*, por exercícios respiratórios ou meditação, sem outras virtudes morais. Para ser eficaz, a Ioga deve ser praticada na íntegra de seus oito membros ou ramos. Todos os que aspiram à suprema experiência devem lutar pela perfeição, devem começar primeiro com o desenvolvimento da sua personalidade.

"Só a ela chamo de brâmane, isto é, pessoa espiritualmente desperta", diz Buda, "da qual a luxúria, a cólera, o orgulho e a inveja caíram como a semente da mostarda cai da ponta de uma agulha." A simples recitação do conhecido mantra *Om Mani Padme Om*, popular entre os budistas do Tibete, ou sua rotação milhões de vezes nas rodas de oração, não pode produzir fruto algum em alguém que não siga os outros ensinamentos de Gautama, o Buda. A tragédia é que as pessoas nem sempre compreendem o que significa "iluminação" ou "auto-realização". Trata-se de um empreendimento colossal.

De acordo com os registros disponíveis, o número de homens que tiveram uma experiência autêntica durante todo o curso da história não passa de umas poucas centenas. Eles são em número muito menor entre os homens de talento e os gênios, em todos os ramos do conhecimento e da arte, mas eles criaram a revolução no pensamento que continua a afetar o mundo até os dias atuais. O adepto espiritual ou o gênio religioso são extremamente raros por esse motivo: "iluminação" representa uma transformação da consciência, a abertura de um novo canal de percepção interna, pelo qual o universo imorredouro e infinito é aberto à visão da alma.

Tal como cada átomo da matéria representa uma unidade de energia básica que forma o universo, cada alma humana representa uma gota de um infinito oceano de consciência que não tem princípio nem fim. O homem comum, esquecido de sua natureza divina e inconsciente de sua própria majestade, vive em dúvida permanente por causa das limitações do cérebro humano. É dominado pela incerteza e pelo sofrimento quando pensa na morte e se identifica com o corpo, de princípio ao fim. Ele não compreende que tem uma existência eterna que lhe pertence, e é gloriosa, destituída de entraves.

Todos os sistemas da Ioga e todas as disciplinas religiosas são destinadas a efetuar no corpo essas modificações psicossomáticas que são essenciais para a metamorfose da consciência. Um novo centro — atualmente adormecido no homem e na mulher comuns — tem de ser ativado, e um fluxo mais poderoso de energia psíquica deve subir até a cabeça, vindo da base da espinha, a fim de capacitar a consciência humana a transcender os limites normais. Essa é uma fase final do atual impulso da evolução no homem. O sistema cérebro-espinhal do homem tem de sofrer uma modificação radical, que permita à consciência atingir uma dimensão que transcenda o mais alto intelecto. Aqui, a razão cede à intuição e a revelação aparece para guiar os passos da humanidade.

A sílaba "aum" representa a música da alma. Essa melodia é ouvida apenas quando o Centro do Poder Divino, no homem, é despertado para a atividade. Então, uma radiação sublime inunda o cérebro como um fluxo de néctar dourado, iluminando o que antes estava escuro. Com a difusão desse brilho, a alma fica repleta de inexprimível felicidade e se vê crescendo em dimensão, estendendo-se para fora com os raios do sol. Essa radiação alcança todos os objetos próximos, e se difunde então para fronteiras distantes, incluindo o horizonte do universo visível. Não há perplexidade nem distorção, como acontece com as drogas, nem perda da memória, como se dá com a hipnose. O intelecto permanece intocado e não há nenhum envolvimento ou aberração. Os mundos, o interior e o exterior, ficam lado a lado, mas com uma importante diferença: de um ponto da consciência a alma agora parece expandir-se de ponta a ponta, uma inefável e intangível inteligência presente em toda a parte.

O objetivo da Ioga é essa união com o universo da consciência, capacitando o homem para compreender sua origem e destino, e conseqüentemente, modelar sua vida e o mundo. Trata-se de uma realização hercúlea, mais cheia de aventuras, riscos e excitação do que a mais longa viagem ao espaço exterior. Este é o maior dos empreendimentos, destinados pela natureza aos mais viris e mais inteligentes membros da raça humana, quando atingirem o zênite do conhecimento e da prosperidade material.

Por causa da natureza extremamente árdua da tarefa é que Buda prescreve o celibato e a vida monástica para os aspirantes. Esse é o Reino dos Céus de que falou o Cristo, e no qual apenas os puros de coração podem entrar. "Só a ele chamo de brâmane", diz Buda, "ao que passou por essa estrada difícil, o inacessível e enganador ciclo da existência, o que passou através dele para a outra Margem, o que medita, livre de desejo e de dúvida, livre de apegos, conquistando um estado de consciência transumano." Em seu conhecimento das necessidades espirituais e evolutivas da humanidade, ele deve estar cabeça e ombros acima dos maiores intelectuais da época.

"Aquele que alcançou a união com o divino", diz um sábio hindu, "não permutará sua posição nem mesmo com um rei." "Chama-se ioga", diz o Gîtâ, "esse estado que, uma vez alcançado, a pessoa não considera qualquer outro ganho como sendo maior e, estabelecido nele não se é perturbado nem por um grande sofrimento." Mais uma vez, é Jesus falando ao povo: "Eu sou a Luz do mundo. Aquele que me seguir não vagará nas trevas; ele terá a luz da vida".

"Sou um rei, ó Sela", disse Buda ao brâmane desse nome. "Sou o rei supremo da Lei; eu exerço o governo por meio da doutrina — um governo que é irresistível."

"Nesse estado, que é o estado último do amor", diz São João da Cruz, "a alma é como o cristal, claro e puro; quanto mais gradações de luz recebe, maior é a sua concentração de luz. A iluminação continua, a um tal grau que, por fim, atinge um ponto em que a luz é centralizada nela, tão copiosamente, que chega a parecer que ela é toda a luz e que da luz não pode ser distinguida... porque é a iluminação na maior extensão possível, e assim parece ser a própria luz."

Cristo e Buda não falaram senão a verdade. Eles eram a Luz.

A verdadeira iluminação consiste em alcançar um ponto além dos mais elevados intelectos do tempo, a fim de captar e proclamar a lei. Não há incerteza nem vacilação, porque quem está verdadeiramente iluminado está tão seguro da sua percepção das verdades superiores que lhe foram reveladas quanto da sua existência no mundo físico vista com olhos mortais. Por isso é que Buda disse que a sua doutrina era irresistível.

As leis reveladas aos iluminados oferecem soluções para os problemas ligados à evolução da humanidade, porque é possível contemplar o futuro e discernir as voltas e rodeios do caminho *predestinado*. Por esse motivo, os "iluminados" e os "despertos" têm sido, e sempre serão, os guias espirituais da humanidade.

É um fato histórico que a lei proclamada por Cristo, Buda e pelo Gîtâ persistiu por dois mil anos e mais, e ainda é reverenciada hoje por milhões. Entretanto, depois de um século apenas de dominação, rachaduras estão começando a aparecer na fachada da ciência agnóstica.

Deveria ser lembrado, também, que idéia, intuição e inspiração representam tanto um dom da consciência universal quanto as revelações dos "iluminados". A energia de vida que estimula o cérebro, em ambos os casos, é a Kundalini. O mesmo centro biológico de energia, no corpo, é responsável tanto pela experiência mística como pelo gênio. A pessoa espiritualmente iluminada é, simplesmente, mais evoluída do que o talentoso cientista ou o artista bem dotado. A natureza é tão conseqüente no domínio da mente quanto o é no mundo físico. Rigorosas leis psicossomáticas governam a evolução do homem e continuarão fora da compreensão humana até que sejam integralmente demonstradas num laboratório científico.

Os profetas iluminados e os videntes de todas as nações surgem, de tempos em tempos, não como resultado de um acidente, mas sob as mesmas leis que fizeram os talentos e gênios extraordinários. Eles são criações da consciência coletiva da raça que governa a sobrevivência e o impulso evolucionário de toda a massa de seres humanos. Leis biológicas desconhecidas regulam o comportamento e o instinto grupal das formigas, dos ratos, das abelhas, dos babuínos, dos pássaros migratórios, dos elefantes e de outras formas de vida. Essas leis ainda são desconhecidas porque a vida continua a ser um enigma, e os cientistas estão divididos entre eles próprios sobre sua natureza e situação no universo.

Nas ocasiões oportunas ou em conjuntura crítica, aos iluminados são concedidas intuições quanto às leis supremas, da mesma forma pela qual homens de gênio e talento atingem o conhecimento das leis que regem o mundo material. "Fazendo *samyama* sobre a Luz Interior, a pessoa obtém conhecimento do que é sutil, oculto ou muito distante", diz o sábio Patanjali, em *Ioga Sutras. Samyama* significa o estado mental nas últimas três fases da Ashtanga Ioga: concentração e contemplação extática combinadas.

Há milhares de anos sabe-se que o estado superior de consciência do conhecimento oculto pode despejar-se na mente, sem que isso dependa de experiência, educação ou compreensão. Na antiga Roma, como na Grécia e no Egito, os oráculos deviam provar a validade de sua crença. A capacidade de vir a ter contato ocasional com esse beatífico oceano de perfeito conhecimento e infinita sabedoria é a consecução final da Ioga. Há muitos estágios, mas enquanto o estágio final não é alcançado, a pessoa não pode dizer que foi estabilizada na Ioga; ela ainda pertence à classe normal de seres humanos. Só quando conseguir acesso aos níveis super-humanos da consciência e estiver receptivo para a revelação é que será considerada "iluminada". A alma de cada homem, ou mulher, é capaz desse salto prodigioso que vai do nível de conhecimento humano para o super-humano, quando o cérebro se encontra sintonizado apropriadamente.

Nos sonhos, nos devaneios, na meditação, ou enquanto se ouve música, na oração, ao andar, ou mesmo trabalhando, a janela da alma pode abrir-se bruscamente. Muitas vezes, há um rápido relance do mundo transcendental, mas muitas pessoas ficam face a face com o inefável sem nunca compreenderem a natureza da experiência.

Exercícios de Ioga também podem ser dirigidos para objetivos mundanos. Há exercícios que levam à saúde e à eficiencia da mente, outros que levam a dons psíquicos, e ainda outros que fortalecem a vontade e melhoram a capacidade de tratar com problemas. Contudo, nem uma só dessas realizações, nem mesmo várias delas reunidas, vem a ser a Ioga.

Portanto, Ioga é um estado transumano a que se chega por meio do efeito cumulativo de todas as práticas combinadas, levadas adiante durante muitos anos e suplementadas pela graça. A janela da alma não pode ser aberta de maneira forçada. O aspirante, tentando o melhor que pode, ano após ano, tem de esperar pacientemente pela graça. A janela deve ser aberta por dentro. Os guardiões da janela, sob o aspecto de dispositivos ocultos no cérebro, sabem exatamente quando os postigos devem ser abertos. Assim, é difícil alcançar o acesso ao próximo estado de consciência.

Os que não chegaram ao estado supremo da Ioga, e validaram sua experiência, não podem ser considerados como iogues, adeptos da Ioga ou iluminados. São praticantes de Ioga, ou *Sadhakas*. O verdadeiro iogue é a pessoa que alcançou o estado de união com o oceano da consciência divina — chamem-na Brahma, Atma, Deus, Nirvana, Allah, Ishwara, ou o que quiserem. Ele precisa ter atravessado o véu e reunido um conhecimento que não está disponível apenas para o intelecto. Os outros podem ser oráculos, treinadores físicos, acrobatas, necromantes, milagreiros, mágicos, curadores mentais, clarividentes, sensitivos, médiuns, viajantes astrais, ocultistas e outras coisas assim, mas não podem ser tidos como iogues ou "despertos" enquanto não transcenderem o nível humano de consciência, apresentando suas credenciais ao mundo. Essas pessoas são úteis à sua maneira, atendendo às necessidades daqueles que estão fascinados pela Ioga, ou pelo mundo do espírito, pelo oculto, inquiridores que desejam desenvolver dons psíquicos ou satisfazer sua curiosidade a respeito do sobrenatural. Mas não devem confundir esses desejos de dons e experiências com autoconhecimento, experiência mística ou união com Deus. Acima de tudo, não devem confundir tais coisas com a suprema experiência que revela a majestade, a percepção infinita, a imortal natureza da alma.

Há centenas de milhares de homens e mulheres neste mundo que estão intensamente atraídos pelo oculto e pelo sobrenatural. Há, também, centenas de milhares para os quais o enigma da existência tem irresistível fascinação, e muitos outros que mantêm incontrolável desejo de obter poderes ocultos e dons psíquicos. Os inquiridores de todas as três categorias voltam-se para a Ioga, para o espiritualismo, para a pesquisa psíquica, para as práticas ocultas e para as disciplinas espirituais, a fim de satisfazer seus respectivos anseios. Isso é natural, e, do seu ponto de vista, correto. Mas, com freqüência, há confusão na interpretação desse anseio, confusão que os profissionais que se especializaram nesses setores tornam ainda pior.

O objetivo da Ioga e de toda disciplina religiosa é uma vida fecunda, virtuosa e a união com Deus.

Quando bem-sucedida, ela se destina a levar ao conhecimento super-racional e a um estado superior de consciência. A experiência relacionada com visões, tal como tem sido confirmada por quase todos os místicos, sufis e iogues do passado, mostra ser uma fonte de indizível felicidade. Ela dá ao que busca com força e fé inalterável uma inabalável convicção da imortalidade, conhecimento transcendental, e beatífica união com um oceano de vida, beleza, grandeza, compaixão, amor, paz e calma. Não há paralelo na terra.

"Homens de disposição *Sattvic* (pura) cultuam os deuses", diz o Bhagavad Gîtâ; "os do mundo rajásico (mentalidade mundana) cultuam espíritos da natureza e demônios, enquanto outros, de disposição tamásica (sombria ou sem discernimento), cultuam fantasmas e almas destituídas de corpos."

A diferença entre a genuína procura da alma ou de Deus e o anseio por fenômenos psíquicos e milagres tem sido claramente identificada pelos iluminados, desde tempos imemoriais. As práticas dos ledores da sorte, da projeção astral, da cura mental, da feitiçaria etc., existiram desde o início da cultura na Suméria e no Egito, há mais de cinco mil anos. Desde então, são incontáveis os homens e mulheres, em todas as regiões da terra, que têm tentado beneficiar-se com elas de alguma forma. Milhões tentaram tornar-se proficientes nessas atividades, a fim de ganhar poder, fortunas, comunicação com espíritos, e para destruir inimigos, produzir milagres ou prolongar a vida e vencer a morte. Há, entretanto, algum exemplo a provar que tiveram êxito ou deixaram modelos para outros seguirem?

Os milagres atribuídos a Cristo podem ter beneficiado alguns milhares de pessoas em seu tempo, mas o que teve valor duradouro para a humanidade foi o impacto de seus apreciáveis ensinamentos e da vida que viveu. Os milagres que dizem ter ele realizado, e os que são atribuídos ao seu nascimento, constituem, agora, um dos principais fatores responsáveis pela criação de dúvidas sobre a realidade de sua própria existência. Nada do que foge ao acordo com a lei divina sobrevive por muito tempo. Seus ensinamentos estavam de acordo com essas leis e sobrevivem, intactos. Seus milagres não o eram, e sua importância terminou; agora já não são aceitos nem mesmo pelos intelectos racionais do nosso tempo.

Essa situação não é peculiar apenas a Cristo. Todos os fenômenos atribuídos a Buda, aos adeptos da Ioga, aos místicos cristãos ou a outros mestres espirituais da terra pelas igrejas, não apenas são diretamente rejeitados pelas pessoas mais bem-informadas, como também são usados pelos céticos como arma para atacar o próprio fundamento da fé que eles foram destinados a fortificar.

Muitos dos milagres atribuídos aos santos, tais como a levitação e o vôo através do ar, não só foram repetidos como excedidos pela ciência. Nada existe nos anais da Antigüidade relativamente às realizações mágicas ou milagrosas de espiritualistas que possa sequer aproximar-se das realizações do intelecto. O único milagre que sobreviveu através das investidas do tempo, conservando-se sem paralelo até hoje, é o milagre da reformação — as grandes revoluções no pensamento e na conduta de gerações e gerações de seres humanos. Esse milagre dá testemunho do conforto e da força proporcionados à alma, da tristeza e do sofrimento mitigados através da fé e da esperança que as sustentava em meio ao mais negro desespero rumo a um glorioso futuro. A maioria dessas revoluções constitui um medicamento necessário, um sustentáculo para que a mente humana mantenha sua confiança e coragem em meio à penosa ascensão da evolução. Esse é um milagre que a ciência jamais poderá imitar.

O desejo de solucionar o enigma da existência, de penetrar na escuridão, no mistério e olhar para o além tem sua origem no impulso evolucionário profundamente estabelecido na mente humana. Por meio desse desejo, a natureza faz planos para atrair o intelecto para a investigação do sobrenatural e do numinoso, levando, posteriormente, à descoberta das forças superfísicas que permeiam o universo.

O principal propósito é atrair a alma para a investigação de seu próprio mistério e responder a perguntas que nascem perenemente na mente de quase todo homem e mulher sobre o problema de sua própria existência. A meta final é a emancipação da alma, que assim atinge a percepção de si mesma.

É infinito, eterno, um oceano de beatitude, uno com o sol, as estrelas e os planetas, e ainda assim intocado pelo seu movimento incessante. É a luz do universo, livre de todas as cadeias que prendem o corpo humano à terra. O alvo desse impulso evolucionário é tornar o homem consciente de si mesmo. Com essa percepção sublime, ele organizará sua vida como ser humano racional, livre de egoísmo, de violência, de avidez, de ambição, de desejos imoderados. O alvo, portanto, da natureza, é que cada criança nascida na terra deva ter a capacidade de atingir essa consciência superior e de viver uma vida gloriosa, consciente de sua natureza interior, divina, imortal, enquanto exteriormente mantém a paz e a harmonia com todos os seres humanos.

A partir do zênite da prosperidade material — para o qual a humanidade agora caminha devido às realizações da ciência — terá início a ascensão para a espiritualidade. O conhecimento moderno, agora quase na fronteira de sua inspeção do mundo físico, não tem senão uma curta distância a percorrer para atingir o conhecimento da entrada para o domínio espiritual. Esse é o mecanismo biológico da evolução de cada corpo humano, mecanismo que tem sido conhecido e cultuado há milhares de anos. A ativação desse mecanismo, através da Ioga e de outras disciplinas religiosas, leva a mudanças químicas na composição da energia psíquica que alimenta o sistema nervoso e o cérebro, resultando disso a transformação da consciência. Essa transformação é de uma natureza de tal modo extraordinária, que o indivíduo que passa por essa experiência, em sua totalidade, é realmente elevado do nível dos mortais para a esfera dos deuses, embora conservando todos os nobres traços e paixões do homem. Todos os grandes profetas, fundadores de grandes religiões, verdadeiros místicos, sábios e videntes tiveram esse órgão divino ativo desde o nascimento, ou ativaram-no com disciplinas apropriadas e uma vida virtuosa.

A iluminação, portanto, é um processo natural governado por leis biológicas tão estritas em sua operação como as leis que governam a continuidade da raça. O alvo central dessa evolução é a autopercepção da alma. No momento que isso acontece, o ciclo está completo e a alma compreende a majestade de sua natureza. A libertação da alma do domínio do desejo, da mente e do ego, e de seu senso de identificação com o corpo, representa a libertação das cadeias que a prendem à terra. Ela se torna consciente de sua própria e real natureza, do espírito imortal, livre dos desgostos e das contaminações da carne.

Essa vida — esse pensar, esse sentir, esse conhecer, esse ser que pensamos que nasce, envelhece e morre — é, de fato, a nata do universo. É fagulha de um oceano ilimitado de fogo, o raio de um sol vivo de ilimitadas dimensões, de infinito conhecimento, de inexprimível beatitude. É um átomo imortal que vem de um infinito universo de consciência. Deve ter ela própria essa experiência para conhecer sua estatura, a fim de viver em indizível paz e bem-aventurança pelo prazo que lhe foi marcado para a sua vida na terra.

Esse, penso eu, é o objetivo de cada um de nós, a meta designada pela natureza e da qual não pode haver desvio, a não ser ao preço doloroso de terrível sofrimento e de desgraça. Nosso curso de evolução está predeterminado. Nossas transgressões só podem retardar o resultado beatífico, mas nunca poderão modificá-lo ou modelá-lo conforme desejamos.

Esse, acredito, é o motivo pelo qual tanto o leitor como eu aqui estamos — para nos realizarmos. Devemos conhecer a verdade. Esse colossal universo de matéria não passa de uma ligeira ondulação no oceano da vida ao qual pertencemos. Essa é a razão que leva todos os grandes luminares espirituais a colocar a maior ênfase numa vida virtuosa. Essa condição não é imposta ao homem. Ela é injunção revelada a partir de uma consciência coletiva da raça: é a lei imposta pela natureza, capacitando-nos para cruzar a fronteira em direção da consciência superior.

"Quando a visão do *Samadhi* inferior é suprimida por um ato consciente de controle, de forma que não haja mais pensamentos ou visões na mente", diz Patanjali na *Ioga Sutras*, "essa é a realização do controle das ondas do pensamento na mente... quando essa supressão das ondas de pensamento torna-se contínua, o fluxo mental é calmo." Quase todos os grandes mestres espirituais chamaram a atenção para os perigos de se sucumbir à sedução dos poderes psíquicos ou às experiências ligadas a percepções visuais no plano astral ou no mental, porque isso cria para a alma complicações tão desordenadas e tão difíceis de se expulsar quanto as complicações da terra.

"Com o passar do tempo" — diz o mestre taoísta Chao Pi Ch'en — "estados demoníacos ocorrerão ao que pratica, sob a forma de visões do paraíso em toda a sua majestade, com belos jardins e lagoas, ou infernos povoados de terríveis demônios com estranhas e assustadoras cabeças e rostos que mudam constantemente suas formas hediondas. Se ele não for capaz de expulsar essas aparições causadas pelo cinco agregados, bem como as visões de mulheres e moças que o perturbem, ele precisará compor a sua mente, que deve estar clara interior e exteriormente." Manter a mente clara interior e exteriormente é indispensável para se contemplar a majestade da alma. Buda é ainda mais explícito ao aconselhar a supressão do desejo de dons psíquicos de tipo miraculoso. O desejo de vôos visionários, de dons psíquicos e de poderes miraculosos implica um desejo de continuar sob o domínio do ego, da mente, dos sentidos, com o fim de vivenciar em planos mais sutis o que se vivencia na terra. Realizar feitos surpreendentes com forças psíquicas, ou outras forças cósmicas invisíveis, é descer novamente ao plano da terra.

O alvo do impulso evolucionário, por outro lado, é criar uma situação que é a própria antítese disso. É levar a alma a uma nítida compreensão de sua própria natureza divina, para além do que quer que seja ligado a este mundo. Viemos à terra para nos conhecer. O único espelho da vida em nós, espelho que reflete o universo, nunca revela sua assombrosa substância, e nunca reflete o seu mundo. A evolução humana em sua totalidade está destinada a nos tornar conscientes de que somos pedras preciosas vestidas de carne; essa percepção não só é possível como obrigatória para cada ser humano nascido na terra. Séculos podem passar para que isso se dê, mas cada atividade humana, cada ordem social, política ou religiosa está participando desse poderoso plano espiritual.

Se for corretamente levado adiante, o sistema descrito nestas páginas explicará a natureza do destino espiritual do homem ao mundo da ciência. O homem precisa se conhecer para se erguer acima da dor e da miséria, da derrota e do desespero, da angústia e da confusão deste mundo. Nada há que possa sustentá-lo com maior firmeza em suas batalhas terrenas do que um vislumbre ocasional de sua própria majestade, de sua imortalidade, ocultas dentro dele pela natureza.

VI

PERIGOS DA PERCEPÇÃO PARCIAL: COMENTÁRIOS SOBRE A AUTOBIOGRAFIA DE ALAN WATTS

Não é difícil ver que Alan Watts foi um daqueles intelectuais em quem a metamorfose evolutiva é quase completa, embora nada se saiba de sua condição fisiológica interna, responsável por ela. Essa percepção parcial leva a centelhas espontâneas de experiência mística e a uma intensa aspiração pela transcendência. Em tais casos, o mecanismo sexual, junto com o evolutivo, atua de ambas as maneiras, criando, às vezes, uma sede insaciável de visões beatíficas e, ao mesmo tempo, um insaciável apetite de experiência sexual. Do ponto de vista evolucionário, esse estado denota um sistema fisiologicamente maduro, pronto para a experiência e uma Kundalini altamente ativa, pressionando tanto o cérebro como o sistema reprodutor.

A atividade da Kundalini, entretanto, quando o sistema não está corretamente sintonizado, pode ser abortiva e, em alguns casos, até mesmo mórbida. No primeiro caso, a consciência expandida é eivada de complexos, de ansiedade, de depressão, de medo e de outros estados neuróticos e paranóicos, que se alternam com elevados períodos de bem-aventurança, de experiências ligadas a percepções visuais ou de tendências criativas. No segundo caso, ela se manifesta de várias formas hediondas de psicose, em depressões horríveis, em frenética excitação e nas selvagens ilusões dos insanos. Em palavras simples, a mesma energia de vida (prana) que, quando pura, leva às gloriosas experiências visuais do místico harmonizado, quando levemente maculada pode causar uma sombria tendência à tensão, ao medo, à depressão ou à ansiedade e, quando irremediavelmente contaminada, cria os gritantes horrores da loucura. O que o Sr. Watts atribui a si próprio em sua autobiografia – *In My Own Way* – seu "espírito instável", "apego à nicotina e ao álcool", "frêmitos ocasionais de ansiedade", "interesse por mulheres", "falta de entusiasmo pelos exercícios físicos" – pode ser aplicado a muitos seres humanos inteligentes e evoluídos que nunca estiveram, nem estão, no limiar da consciência mística. Seu estado não permanece uniformemente beatífico, feliz ou criativo, devido a várias falhas, de meio ambiente e, psíquicas ou orgânicas. Essa condição traumática habitualmente encontrada em mentes modernas altamente inteligentes ou criativas é o resultado da enorme negligência no que se refere às necessidades da evolução e deveria constituir o campo mais urgente dos estudos científicos. Mas, sendo os sábios modernos ignorantes ou indiferentes ao campo espiritual, ou, em outras palavras, às exigências da evolução dos seres humanos, o mundo continuará a sofrer até que se consiga uma abertura de caminho.

O esforço da evolução é dirigido à construção de uma dimensão de consciência ainda mais ampla nas linhas vivenciadas pelos místicos de todos os países e tempos em seus estados superiores de êxtase. É preciso um grande exercício de força de vontade e, mais ainda, de autodisciplina para manter a mente que trabalha em níveis superiores de cognição sob um controle constante quando se vê diante de tentações ou diante dos eternos e agudos problemas da vida. O conteúdo emocional, tornando-se mais forte a cada passo da ascensão requer um crescimento correspondente do poder de autocontrole. É esse desenvolvimento desproporcionado entre os dois que está, com freqüência, na raiz da neurótica, discordante, inquieta, amedrontada, ansiosa, superambiciosa, infeliz, excitada e insatisfeita condição da mente intelectual. Em todos os países civilizados a tensão mental está aumentando, porque a vida que levamos e o ambiente social que criamos são antievolucionários. Essa é, também, a explicação para a totalmente inesperada e alarmante revolução que ocorreu no pensamento da juventude moderna sobre a validade da presente organização social que, do ponto de vista da evolução, tem sobrevivido à sua utilidade; ela, agora, representa uma ameaça real para o progresso e a segurança humana. O decréscimo na vitalidade moral de um povo é o primeiro sintoma de degeneração. Faz-se necessário um estado de constante esforço e vigilância para evitar a deterioração do senso moral, construído durante séculos de existência civilizada.

Não foi a sociedade nem a civilização a causa do crescimento ético. Elas ajudaram seu desenvolvimento. A causa é o impulso evolucionário que está na raça humana. Os psicólogos erram gravemente quando acusam a civilização pelo controle e a repressão dos instintos selvagens, naturais. Ambos são interdependentes e ambos têm sua origem na Kundalini, a força evolutiva ainda em atividade nos seres humanos. Uma vitalidade moral aumentada junto com uma vontade forte e um grau maior de controle constituem, juntos, uma condição *sine qua non* para a bem-aventurada e arrebatadora consciência mística, que opera mesmo em sonhos. Sem isso, teremos, com freqüência, aquilo que encontramos no caso do Sr. Watts: por um lado, um estado mental variável, propenso a experiências visionárias ou místicas e, por outro lado, propenso a estados de ansiedade, aos implacáveis tormentos de Cupido, ao apego à nicotina, ao álcool e a outras drogas, a fim de aliviar tensões íntimas ou aplacar estados mentais penosos, torturantes mesmo, muito mais agudos nas dimensões mais elevadas da consciência.

Se a necessidade de evolução não for considerada, se os sistemas educacionais, políticos e sociais não forem reorientados para enfrentar essa necessidade, o intelectual do futuro será uma triste criatura, dotada de consciência mística, mas de tal modo à mercê de estados mentais anormais, de terríveis experiências visionárias, de medo, de tensão, de depressão, de perda de sono, de tédio, de aversão ao trabalho e aos saudáveis exercícios físicos, com o predomínio do sexo que, em vez de ser fonte de felicidade e de paz, sua vida se tornará uma carga insuportável, desde a puberdade até o fim. Vemos isso acontecendo desde já e podemos ler os sintomas nos casos de milhões de pessoas que, uma vez perdidos para uma vida sóbria e ordenada, passam à perambulação, às drogas, à promiscuidade e a outros passatempos, sem entender a razão da rebeldia de sua própria estrutura mental, constituindo um enigma para si mesmas e para os psicólogos modernos.

A suprema importância de todas as escrituras reveladas tem sido o fato de chamarem a atenção para a imperiosa necessidade da autodisciplina e de certas normas de conduta, de certos nobres traços mentais, sem o que a evolução só pode levar ao infortúnio. As concepções teofânicas eram usadas como um cabide onde penduravam seus ensinamentos. Como poderiam as multidões de outrora serem persuadidas a aceitar uma vida moralmente orientada sem atribuí-la a uma razão sobrenatural ou à necessidade de obter favores da Divindade? Na verdade, aquela precisão brotou das mudanças causadas na mente e no corpo humanos pela pressão inexorável do processo evolucionário. Com a atividade acelerada do mecanismo da evolução e do mecanismo reprodutor, ocorre uma tremenda elevação da produção da energia de vida (chamamos a isso energia sexual) ou prana. Quando o organismo fisiológico está em perfeitas condições, a energia sublimada flui para o cérebro, erguendo a consciência a inexprimíveis alturas de um conhecimento imenso e ao êxtase. Entretanto, quando o sistema é impuro e a radiação prânica torna-se contaminada, ainda que ligeiramente, a natureza tenta ajustar a situação de duas maneiras: ou a radiação encontra entrada no cérebro sob a forma contaminada, levando à ansiedade, ao medo, à tensão, à depressão, à sede de algum tipo de sensação ou de drogas que alteram a mente, e coisas desse gênero. — Essa é "a noite escura do místico" — a disposição depressiva, estéril, do gênio e do virtuoso ou, então, a "crise de melancolia" das mentes extraordinariamente inteligentes. Quase todos os sistemas da disciplina iogue são orientados para criar uma condição harmônica e pura no corpo, no qual o risco de contaminação prânica, ao despertar da força da evolução, é minimizado. A psicologia ocidental não tem explicação para essa mudança imprevisível na disposição de ânimo e para esses infelizes estados mentais. A outra maneira é pelo grande aumento da pressão — na outra extremidade do mecanismo da evolução, isto é, na região sexual —, resultando em irreprimível amorosidade. Em tais casos, a liberação torna-se inevitável para superar a enlouquecedora pressão sobre o cérebro. A posição freqüentemente dominante ocupada pelo sexo na mente de intelectuais criativos e sua completa capitulação diante dele pode ser facilmente entendida a partir daí.

O que o Sr. Watts diz é a realidade básica sobre a qual os antigos Tantras se firmam, isto é, as paixões e apetites profundamente arraigados na natureza humana. As disciplinas prescritas têm como objetivo combater essas tendências inatas. Mas, mesmo assim, elas não podem e não deveriam ser suprimidas totalmente. Poderia interessar ao Sr. Watts saber que o desconhecido autor do famoso hino a Kundalini, intitulado *Panchastavi*, expressou-se quase que nos mesmos termos, ao cantar em estado de êxtase perene: "Livre de toda sensação de dependência, nada procurando de ninguém, não iludindo ninguém, nem sendo servil a ninguém, envolvo-me em finas roupagens, partilho de deliciosos alimentos e uno-me à mulher da minha escolha, porque Tu, ó Deusa, estás florescendo em meu coração". O cantor não indaga por que a experiência mística lhe foi imposta. Porque, segundo a tradição tântrica, nem o extremo ascetismo, nem a concessão imoderada são respostas para o problema espiritual do homem. O uso do vinho e a união com mulheres, no culto e no ritual tântrico, têm, portanto, uma clara razão por trás disso, desde que o limite de moderação não seja violado. O álcool é um estimulante para o ânimo deprimido e temeroso, e a união com o belo sexo, a esposa, ou com uma companheira, tem amiúde representado um elemento necessário nas disciplinas e no culto tântrico. Repete-se muitas e muitas vezes a ordem expressa de que ambas essas coisas devem ser usadas sobriamente, como oferenda à divina energia de Shakti. Há rituais cuidadosamente feitos para regular o seu uso.

Para combater os estados de depressão ou de ansiedade, muitas vezes conseqüente da elevação da consciência, há práticas iogues específicas, bem como disciplinas que devem ser bem aprendidas desde o princípio. O ícone prescrito da deusa ou de outra Deidade, para ser mantido na mente quando da prática da meditação, é imaginado com uma das mãos levantada, fazendo o gesto de afastar o medo, e esse gesto, com a prática, tende a criar uma barreira mental contra as tendências para a depressão ou o medo. Também o cultivo de um senso saudável de desapego (*vairagya*) em relação ao corpo e ao mundo, e a entrega à vontade divina, prescrita na maior parte das disciplinas iogues, muitas vezes servem de meios para chegar aos mesmos fins.

A atitude atual é a de que as necessidades da carne e os devaneios da mente são reconhecidos, e existem disposições apropriadas nesses sistemas antigos e comprovados para proteger de armadilhas e tornar disponível a possibilidade da consciência mística para os que levam uma vida normal. A vida severamente monástica e puritana é tão inimiga do progresso espiritual da humanidade como a vida sensual e libidinosa. Os que se erguem, portanto, contra os que reconhecem a fragilidade e a fraqueza da carne em sua incursão pelo domínio místico, ou na busca da Suprema Luz, comportamse como tolos diante dos insondáveis mistérios da natureza e tentam limitar todo o gigantesco esquema da evolução humana ao tamanho do seu próprio e insignificante intelecto.

A humanidade, com a inibição de seus apetites e a repressão de seus desejos, não se pode propagar nem sobreviver. Não pode, portanto, existir possibilidade de evolução para uma raça totalmente inibida e emasculada. Apesar dos ensinamentos de vários profetas e santos, as multidões humanas continuam a viver suas vidas normais, confiando na graça de Deus e, às vezes, mesmo na intercessão de seus heróis espirituais. Isso é a natureza trabalhando para preservar a raça, porque o outro extremo teria sido pior, até mesmo suicida. O homem deve aprender a lutar pela perfeição, a viver uma existência das mais férteis e nobres. Mas deve desistir de arrancar, de distorcer completamente, ou de suprimir drasticamente qualquer necessidade básica, plantada pela natureza, porque nisso está o perigo para ele próprio e para a raça.

O Sr. Watts deve ser reverenciado e admirado, como Rousseau, pelas suas sinceras confissões. Sua confissão franca deve ajudar muitas almas altaneiras a dominar o medo e a depressão, quando pensarem que seu comportamento diário não lhes permite alcançar os ideais que têm em vista, e que, sendo assim, terão de pagar pelos seus lapsos com um resultado infrutífero em sua busca de transcendência. "Ó filho de Kunti", diz Krishna no Bhagavad Gîtâ, "os sentidos excitados, até mesmo os de um sábio, embora ele esteja lutando, arrebatam sua mente." O verdadeiro objetivo da disciplina espiritual é lutar pelo autodomínio, não pela negação total dos apetites e desejos básicos, e deixar o resto nas mãos da Divindade. Há tantos fatores que entram no desenvolvimento da consciência mística, incluindo a hereditariedade e o ambiente social, que os eruditos levariam séculos para descobrir as leis e prescrever métodos infalíveis para a obtenção de estados de conciência transcendental, em perpétua bem-aventurança. A instabilidade e a aguda variação nas disposições mentais sentidas pelo Sr. Watts podem ser devidas a vários fatores, tais como falta de autodisciplina, ignorância sobre alguns dos fatos básicos da Ioga e do mecanismo da evolução, fatores biológicos adversos, uso de drogas e um sistema defeituoso de educação e de organização social que prevalece presentemente tanto no Oriente como no Ocidente. Do meu ponto de vista, sua autobiografia deve ser de incalculável valor para os futuros investigadores na esfera do misticismo, quando as implicações biológicas da sede espiritual do homem forem empiricamente estabelecidas e compreendidas. Dei minha opinião sobre os prováveis fatores responsáveis pela personalidade dividida do Sr. Watts sem a mínima idéia de depreciação, mas apenas para ajudar a compreensão de outros aspirantes que estão no caminho.

Segundo a opinião do próprio Alan Watts, "o *Satori* é uma experiência súbita, comumente descrita como uma 'mudança de posição da mente', como os pratos de uma balança que mudam subitamente de posição quando uma quantidade suficiente de material é colocada num deles para desequilibrar a posição do outro com seu peso maior". Essa possibilidade é prontamente admitida em quase todos os sistemas de disciplina espiritual e muitas vezes é atribuída à "graça". Mas o que sem dúvida deve excitar a curiosidade do pensador moderno, no conhecimento de dados disponíveis sobre o relacionamento corpo-mente, é a posição óbvia de que essa intuição súbita ocorre apenas em limitadíssimo número de casos, em geral em homens e mulheres inteligentes, e que, na vasta maioria deles, mesmo depois de rigorosa e prolongada aplicação de várias disciplinas espirituais, essa instantânea, ou mesmo gradativa compreensão, ou, em outras palavras, essa experiência mística, nunca ocorre, nem mesmo em sonhos.

O que está por trás desse mistério aparentemente insolúvel? A graça é gratuita ou é a colheita de um carma acumulado? Um artista altamente dotado, um homem de gênio, uma mulher de inexcedível beleza e graça, um grande inventor ou um grande chefe militar são todos considerados como dotados ou abençoados. Os que acreditam no carma atribuem seu talento e beleza, ou inteligência, a causas cármicas. Mas, em ambos os casos, neste estágio de conhecimento, não podemos negar o fato de que, seja dom fortuito, graça divina ou fruto do carma, em cada caso há um elo forte entre o talento ou beleza exibidos e a estrutura orgânica do indivíduo, embora presentemente não estejamos em condições de especificar todos os pormenores.

Qual é, portanto, a falha em nosso pensamento que nos leva a isolar a experiência mística — o mais raro de todos os traços mentais extraordinários — das outras categorias excepcionais e persistir em afirmar que só o empenho religioso ou a graça são responsáveis por ela? Se assim fosse, e a estrutura orgânica não entrasse no quadro, por que devem a respiração, o corpo e a mente serem o centro de ação de todos os sistemas de disciplina religiosa, tanto no Oriente como no Ocidente? O que vem a ser, então, o controle da paixão e do desejo, e por que, desde os tempos mais remotos, a pureza do corpo e da mente são sempre recomendados, se a natureza de Buda pode existir, com felicidade e segurança, segundo afirma Alan Watts, "num cão"?

"Um oleiro que quer fazer peças de barro" — diz o famoso mestre chinês Chih I (também chamado Chih Che) — "deve, primeiro, preparar a argila adequada, que não deve ser nem dura demais nem demasiado branda, de forma que possa ser colocada no molde; e um tocador de alaúde deve primeiro afinar suas cordas, se quiser criar uma melodia. Da mesma forma, ao se tratar do controle da mente, cinco coisas devem ser ajustadas." Essas cinco coisas são: alimento, sono, corpo, respiração e mente. A mesma recomendação é repetida muitas e muitas vezes no Bhagavad Gîtâ. O ajuste dessas cinco coisas também é necessário para a saúde mental ou física. Se esse ajuste não for feito e a mente não for controlada, a meditação pode levar a experiências decepcionantes, amedrontadoras ou visionárias, a sérios distúrbios mentais ou mesmo à loucura, segundo o Mestre Chih I.

"Aquele cujos cuidados sobre o estado fenomenal foram aplacados e que, embora tendo um corpo constituído de partes, ainda assim está destituído de partes, e cuja mente está livre da ansiedade, esse será aceito como um homem liberado em vida (*Jeewan-Mukta*)", diz Shankaracharya em *Viveka-chudamani* (430). É óbvio que em todas as disciplinas antigas a extrema necessidade de sintonizar mente e corpo com o nível superior de consciência, conseguido com a Ioga e outras disciplinas, tem sido claramente aceita. A mesma sintonização da mente e do corpo é necessária no caso daqueles que têm experiências místicas espontâneas como fruto da maturidade evolutiva devida a causas genéticas, a cujo respeito ainda estamos no escuro. Muitos pensadores ocidentais, demasiado confiantes em seus conhecimentos de psicologia, ao colocar a experiência mística na categoria de aventura visionária, sem qualquer relação com o organismo, foram o instrumento que causou completa confusão quanto a esse caso vital. Eles deixam de ver que a experiência espiritual representa o apogeu de um processo de evolução biológica e que a ignorância e o desprezo das leis que governam esse processo estão na raiz do equilíbrio precário, ou da excentricidade, não só dos intelectuais da mais alta categoria e do homem de gênio mas, também, dos místicos modernos. A posição, realmente, devia ser contrária, isto é: o místico, o intelectual e os gênios devem ser mais harmoniosos, calmos e equilibrados, pois com freqüência são eles que brilham como luzes orientadoras da humanidade.

O alvo do mecanismo psicofisiológico da evolução em seres humanos, ativo em cada membro da raça, é um estado perene de consciência mística, livre de altos e baixos, destituído de complexos, tensões, ansiedades, neuroses e medo, com um domínio firme da mente e do corpo, das emoções, das paixões e da indócil luxúria. Mesmo um relance de olhos ocasional para qualquer trabalho antigo, autorizado, sobre Ioga, ou sobre outra escritura religiosa do mundo, mostraria que esse é o objetivo que está à frente de qualquer ensinamento espiritual.

Esse estado de enlevo transcendente, transumano, destinado pela natureza para ser o aspecto permanente da futura consciência do homem, pode, no atual estado do nosso conhecimento sobre esse mecanismo biológico, arrastar para a depressão, o medo, ou levar à neurose, e mesmo à loucura, devido à nossa deplorável ignorância sobre esse aspecto vital do crescimento humano. Algumas confissões mais, como a de Alan Watts, e uma sondagem dirigida para as francas declarações de milhares de seres humanos que tiveram indubitáveis experiências de força da Kundalini talvez sejam necessárias para colocar homens e mulheres de ciência, empreendedores e de mente aberta, na trilha daquilo que é o maior mistério da criação, e que ainda jaz, insolúvel, e mesmo desatendido, diante de nós.

VII

UMA ENTREVISTA COM GOPI KRISHNA SOBRE EXPERIÊNCIA MÍSTICA, DROGAS E O PROCESSO DA EVOLUÇÃO

O senhor diz que há um processo biológico trabalhando no homem, e que esse processo é responsável não só pela sua evolução como, também, pelo gênio, bem como por muitas formas de loucura. O senhor chama a esse processo de Kundalini. Que vem a ser Kundalini, exatamente?

É uma doutrina muito antiga. Podemos retroceder o culto da Kundalini a um período de três mil anos antes de Cristo. Encontramos os primeiros sinais desse culto na chamada civilização do Vale do Indo. Por alguns sinetes e estatuetas ali descobertos, podemos ver que o povo cultuava essa "deusa-mãe". A Ioga também era praticada naquele tempo, pois vemos uma imagem de Shiva sentado em postura Ioga, em estado de êxtase.

Quando fala do culto da Kundalini o senhor dá a impressão de que Kundalini é uma certa forma de deusa ou de líder religioso.

* Publicada originalmente na revista *Changes*, fev./mar., 1973. O entrevistador é Gene Kieffer.

Como o senhor pode ver é muito difícil para nós, nesta época, imaginarmos a estrutura da mente primitiva, e mesmo a da mente medieval. Se estudarmos medicina, descobriremos que formas bastante estranhas de curas fantásticas eram recomendadas para as doenças. Feitiços, amuletos, exorcismos — e muitas das doenças — eram considerados como devidos à maléfica influência de demônios. Em tal atmosfera, qualquer estado anormal ou supernormal do corpo só podia ser atribuído a algum poder divino.

Naturalmente, a Kundalini passou a ser considerada uma deusa, uma energia divina que, iniciando-se na base da espinha, remodelava o cérebro para um estado superior de consciência. Os métodos para ativá-la e os resultados obtidos foram razoavelmente conhecidos. Podemos vê-los descritos nos trabalhos antigos, mas suas implicações fisiológicas não foram compreendidas.

O senhor parece aceitar que existe uma energia que remodela o cérebro.

Não há nada de espantoso nisso. Vemos que a mente humana tem estado em evolução por muitos milênios. Há um grande abismo entre o intelectual de hoje e, digamos, o intelectual do Egito dos velhos tempos. Podemos ver, pelos trabalhos de arte, pela escrita e por outros sinais, que a mente humana deu um tremendo salto para a frente. O pensamento humano tornou-se mais flexível e muito mais compreensivo.

Temos de encontrar algum motivo para essa evolução. Os sábios modernos são incapazes de encontrar quaisquer mudanças no cérebro ou no tamanho do crânio, por isso não conseguem localizar a causa desse avanço do conhecimento. Mas se apenas refletirmos sobre esse ponto veremos que não é possível nenhuma mudança na mente ou na consciência humanas sem uma mudança no cérebro ou mesmo em todo o corpo. Cada pensamento, cada paixão, cada emoção tem certa marca em nosso corpo, embora possa ser tão leve que não é imediatamente percebida. Isso significa, claramente, que os avanços do homem, do estado primitivo para o atual, devem ser acompanhados por certas modificações fisiológicas que não temos possibilidade de localizar.

Assim, não há nada de tão maravilhoso em se dizer que há uma força que pode transformar o corpo e o cérebro do homem. Essa transformação já está ocorrendo, embora de forma imperceptível. Isso acontece até numa criança quando ela passa da infância para a maturidade. Há sempre uma mudança em seu cérebro, que mais tarde, com sua faculdade de raciocínio — faculdade que está adormecida enquanto ele é uma criança — se torna manifesta. Da mesma forma, nos selvagens, essa faculdade de raciocínio era muito primitiva ou baixa, mas agora está grandemente aperfeiçoada. A razão dessa mudança está na transformação do cérebro.

Pesquisadores modernos não são capazes de localizar essa mudança porque a alteração ocorre principalmente na energia nervosa, que os antigos conheciam como prana. Prana é a energia que usamos para pensar. Certas descargas elétricas acontecem com qualquer atividade do cérebro. Essas perturbações elétricas variam nos diferentes estados de consciência. Por exemplo: há um estado durante o sono e outro durante a vigília. Prana é o agente causador dessas mudanças, embora seja absolutamente imperceptível. Os cientistas apenas medem as descargas elétricas, não o misterioso agente que as causa.

Se o prana é imperceptível, o que o leva a dizer que ele existe?

A verificação de sua existência está nos livros antigos, onde há grande quantidade de informações sobre isso — livros que têm mais de três mil anos. E, acima de tudo, eu próprio tive essa experiência.

Em sua autobiografia, *Kundalini*, o senhor fala sobre o despertar da energia cósmica. Foi o prana que se movimentou em seu corpo?

Exatamente. O que se põe em ação é a energia psíquica. Como é possível modificar o corpo e o cérebro, incluindo o sistema nervoso, a não ser que haja uma transformação interior? Não é possível realizar essa transformação por outros meios. Tem de vir de dentro.

Como é essa transformação?

O processo transformador posto em movimento pela Kundalini corresponde à elevação dos processos metabólicos que vemos na criança. Isso foi corretamente chamado de renascimento por quase todas as religiões do mundo, inclusive pelo cristianismo. O próprio Cristo refere-se a isso.

Mas, quando as escrituras falam em "renascimento" — especialmente as escrituras cristãs —, sempre pensamos que se trata apenas de uma transformação na personalidade ou de uma mudança de atitude, uma espécie de despertar dos nossos instintos espirituais.

Mesmo o despertar do instinto espiritual precisa de certa espécie de estímulo ou de uma mudança do cérebro.

Cada tipo de desenvolvimento mental necessita de um trabalho árduo e persistente. O que quero dizer é que quando um homem deseja tornar-se pintor, ele tem de ser aprendiz ou aluno de algum pintor. Deve aprender a arte e praticá-la todos os dias, com atenção; o processo é o mesmo em toda profissão, em qualquer sistema de educação. Acha o senhor que, se o avanço em conhecimentos comuns e banais precisa de cuidadosa atenção e de estudo durante anos, uma nova consciência pode desenvolver-se como por arte mágica, ou por algum mantra ou encantamento? Seria ridículo supor a existência, na natureza, de semelhante paradoxo: que, enquanto para coisas menores deve haver estudo, luta e trabalho durante anos, para o propósito de transformar nossa consciência basta dar um salto apenas, e tudo será conseguido imediatamente?

Bem, houve alguns místicos cristãos, mesmo São Paulo, que parece terem tido essa transformação quase que da noite para o dia. Como se pode explicar isso?

Se estudarmos suas vidas, veremos que foram vidas de dedicação, de fé, de serviço missionário e de outras ações nobres e altruísticas.

E quanto a São Paulo?

Mesmo no caso de São Paulo tais fatores deveriam estar operando, se estudarmos cuidadosamente a sua vida. Pelas suas epístolas, e pela sua capacidade de organização, vemos que se tratava de um homem de excepcional talento. Como dissemos, essa energia evolutiva está levando o homem, passo a passo, rumo a estados superiores de consciência. No curso de sua jornada, ele se torna intelectual, esteta, talentoso, um gênio e, finalmente, um homem iluminado.

Podemos presumir que, para alguém que já alcançou o estado de gênio, ou de talento excepcional, ou de extraordinário desenvolvimento intelectual, exista apenas um passo entre ele e o próximo estágio superior de consciência. Em tais casos, a consciência universal ou a visão da Divindade pode ocorrer sem muito trabalho. Vemos isso acontecendo mesmo no caso de Einstein. Pelo que ele escreve, é evidente que teve algum tipo de experiência mística.

Sem falar em Einstein, examinemos o Dr. Maurice Buck, Tennyson, Wordsworth, e tantos outros pensadores, filósofos, astrônomos, poetas, inclusive Platão. Embora não se submetessem a qualquer disciplina particular, eles tiveram a experiência, e essa experiência deixou marca indelével em suas mentes. Seus escritos e confissões revelam isso, claramente.

Temos de admitir que a experiência mística, ou Consciência Cósmica, não pode ser desenvolvida apenas pelo esforço, mas também pode acontecer de modo espontâneo. Isso concorda inteiramente com a minha opinião: a de que existe um "mecanismo" chamado Kundalini, que está levando toda a humanidade para um estado superior de consciência, e a de que todos os profetas e místicos conhecidos da história tiveram esse seu "mecanismo" em atividade desde o nascimento. E, também, que esse mecanismo está em atividade no caso dos homens de gênio e de extraordinário talento intelectual.

O senhor diz que esse mecanismo chama-se Kundalini. Trata-se de uma palavra hindu?

Kundalini significa "enrolada em espiral", palavra sânscrita para designar uma força que normalmente fica latente ou adormecida, mas que, com certos exercícios e disciplinas, pode ser ativada e levada a agir como se fosse uma mola quando é solta.

Outros autores que se dedicaram a esse assunto disseram que "enrolada em espiral" também se refere, metaforicamente, a uma cobra ou serpente.

Sim, a Kundalini é como uma serpente. Acredito que essa referência à serpente seja muito antiga, e pode ser encontrada mesmo na era neolítica, porque o símbolo universal comum, cultuado em toda parte, é o da serpente e o do sol.

O museu local, aqui em Srinagar, tem dezenas de antigas estátuas de pedra de vários deuses e deusas, e em quase todas vêem-se serpentes entrelaçadas.

Sim, sim. Agora, por exemplo, se vemos uma representação do Senhor Shiva, veremos uma cobra em torno do seu pescoço, outra em torno do seu cabelo. Se vemos uma representação do Senhor Vishnu, veremos que ele está dançando sobre a cabeça de uma cobra, ou sentado na posição de lótus sobre uma cobra que flutua num oceano de leite. Bem, esse oceano de leite é a energia nervosa do corpo, que conhecemos apenas como energia sexual.

Pode falar mais sobre isso?

Nosso corpo está todo repleto de uma essência bioquímica muito fina, que eu chamo de prana biológico. Esse prana tem dois aspectos: o universal e o individual. No aspecto individual, é composto dos mais sutis elementos. Eu diria alguma radiação dos vários elementos de um nível subatômico. Esse prana está concentrado na energia sexual. Normalmente, a energia sexual é usada para fins de procriação, mas a natureza destinou-a, também, para fins de evolução.

Todos conhecemos muito bem a palavra sublimação — ou refinamento, purificação. A maioria das pessoas acredita que o talento artístico depende da sublimação da energia sexual. Mesmo psicólogos como Freud e Jung atribuem-na à libido. Ora, libido é energia sexual, energia de vida, em outras palavras. Assim, de acordo com a opinião dos que acreditam na Kundalini — segundo a opinião dos antigos mestres —, o sistema reprodutor humano funciona de duas maneiras, ambas como mecanismo evolutivo e reprodutor. Como mecanismo evolutivo, ele envia para o cérebro um fino fluxo de energia nervosa muito potente, e outro para as regiões sexuais, a causa da reprodução.

Com o despertar da Kundalini queremos nos referir à reversão do sistema reprodutor e ao seu funcionamento mais como mecanismo de evolução do que de reprodução.

É por esse motivo que muitas religiões recomendam o celibato?

Deve haver alguma razão convincente para isso. Veja: não

estamos tão familiarizados com a Kundalini, e porque o assunto nunca foi estudado seriamente nos tempos modernos é que levamos muito tempo para aceitar a idéia. A não ser que a energia sexual seja de certa forma necessária para disciplinas espirituais por que um profeta, ou um santo, ou outro mestre espiritual qualquer iria recomendar o celibato como uma forma para se chegar a Deus?

Para conservar a energia?

Sim. O que significa que a energia é usada. A não ser que a energia seja usada, que necessidade há de conservá-la? Deveria ser indiferente o fato de ela ser usada para atos sexuais ou de qualquer outra forma. A não ser que isso tenha um efeito direto para levar a estados superiores de consciência, por que algum mestre espiritual recomendaria o celibato?

No Ocidente, sempre associamos as atividades sexuais, pelo menos no passado, com imoralidade. Não tínhamos idéia de que a energia sexual pudesse ter outro uso.

Bem, às vezes essa idéia parece ser muito cômica e às vezes muito trágica. Eu não saberia como qualificar a estrutura mental de alguém que chame de pecado ao ato sexual quando deve sua existência a esse ato.

Mas o que nos ensinaram, pelo menos até as últimas décadas, foi que isso é mesmo verdade; e que o sexo não deveria absolutamente ser usado para nenhum outro propósito, especialmente em se tratando de favorecer nossos desejos sensuais — mas só para o processo de reprodução, e ponto final.

Mesmo admitindo isso, será que o Criador, ou Deus, teria uma inteligência tão limitada a ponto de construir o homem de tal forma que o desejo sexual seja o mais tremendo impulso nele, acompanhado de tão intenso prazer, e depois decretar que o homem não deve tocá-lo?

Isso não faz sentido, mas, em religião, jamais nos permitiram pensar que isso devesse fazer sentido.

Há um poeta persa que disse: "Oh Senhor, amarraste-me a uma prancha e lançaste-me a uma violenta correnteza, e agora dizes: não molhes tua roupa". Uma impossibilidade! Ter essa imagem do Criador — atribuir-lhe tão estreita mentalidade e carência de visão — só o fazemos porque nosso próprio intelecto é limitado e estreito.

Sei que Isaac Newton, um dos maiores gênios da história, foi celibatário durante toda a sua vida. Como o senhor explica isso?

O senhor sabe que a completa superação do desejo sexual é considerado o ponto supremo da perfeição para aqueles que lutam pela realização de Deus. Isso, na verdade, é um grande sofisma. Em alguns casos de místicos natos, o desejo sexual esteve ausente desde o nascimento. Esse pode ter sido o caso de um gênio como Newton. Como a reprodução é um mandato da natureza para a continuidade da raça — e a propagação de mentes iluminadas e de gênios é tão necessária como a propagação da massa comum da humanidade, e até mesmo mais necessária, pois a propagação das últimas duas categorias do homem realiza também o propósito da evolução —, é fácil inferir que a ausência do apetite sexual em alguém dotado de gênio, ou propenso à experiência mística, não pode estar em harmonia com o princípio da propagação ou com a continuidade da evolução. Portanto, essa ausência não pode ser considerada estado normal ou saudável do corpo ou da mente.

Na realidade, a ausência do desejo sexual em qualquer dessas duas categorias tem outra desvantagem ainda, pois não deixa resíduos de energia reprodutora vital no corpo para enfrentar emergências ou crises que possam ocorrer no sistema psicofisiológico dos indivíduos em questão. Já que o sistema nervoso mais sensitivo e mais altamente desenvolvido dos indivíduos dessas categorias estão mais propensos a crises, nas fadigas e tempestades da vida, segue-se que a ausência de uma reserva para compensar os efeitos dessas pressões deixa-os, por assim dizer, à mercê das condições adversas e das forças que eles têm de enfrentar de vez em quando.

A maior incidência de aberração mental em homens e mulheres dessas classes, muitas vezes é devida a essa deficiência de uma reserva vital para repelir pressões e assegurar uma atitude sã e sóbria da mente, resultante da condição pura e saudável da potente energia de vida que alimenta o cérebro superior. Explicarei isso mais longamente em meus livros.

Um livro assim será muito procurado, tenho certeza, mas, mesmo agora, cada vez mais pessoas estão se tornando interessadas no empenho pela iluminação, e a forma ideal de vida a ser vivida é um tópico sempre crescente de discussão. O regime alimentar sempre é mencionado, mas nunca chega a provocar a controvérsia causada pelo sexo. Pode falar um pouco mais sobre isso?

Considerando o fato de que todo o cosmos, desde o átomo até as nebulosas, é rigidamente governado por leis invioláveis, seria irracional supor que, no passado, alguns homens encontraram o caminho para a expansão espiritual por acidente. Deve existir uma potencialidade no corpo humano que, sob certas condições, se materializa em iluminação. Não sabemos ainda, precisamente, quais são essas condições.

Contudo, dado que o desenvolvimento espiritual não é senão o resultado de um processo natural que trabalha no corpo humano, seria o cúmulo da loucura afirmar que esse processo pode ser acelerado por uma forma não natural de vida. As restrições e tabus sobre casamento, sexo, dieta etc., são feitas pelos homens e não têm a sanção da natureza. Elas diferem de país para país, de seita para seita. Por exemplo, enquanto em alguns *ashrams* dá-se a maior ênfase à dieta vegetariana, muitos dos grandes místicos e sufis do Ocidente, como também alguns dos sábios iluminados da Índia — por exemplo o Guru Nanak, o inspirado fundador do Siquismo —, não tiveram nenhum escrúpulo quanto à alimentação de origem animal.

A restrição ao casamento e o preconceito contra as mulheres é um exemplo notório para mostrar a que ponto mesmo os mestres espirituais estão propensos ao erro. Podemos acaso imaginar, mesmo que seja por um instante, ser um decreto da natureza que, na evolução espiritual, a mulher não deva ser parceira em igualdade com o homem? Nesse caso, nenhuma evolução seria possível pela simples razão de que, como mãe, a mulher tem um papel mais decisivo no desenvolvimento inicial e na posterior criação do filho. Será esse pensamento distorcido, gerado por uma forma de vida ascética e não natural, que leva a opiniões tão despropositadas? É uma ironia do destino o fato de que os ensinamentos espirituais oferecidos nesses *ashrams* se tenham originado de homens que foram chefes de família.

Como é sabido, as disciplinas e sistemas filosóficos mais importantes da Índia brotaram das sementes contidas nos Upanixades. De fato, o período em que os mais antigos Upanixades foram escritos revela-se, do ponto de vista espiritual, como a época mais produtiva da história da Índia. O que agora é ensinado e praticado na maioria dos *ashrams* é calcado nos Upanixades, que são o manancial onde quase todos os luminares espirituais da Índia beberam sua inspiração.

Mas — é estranho dizer — quase todos os sábios inspirados dos Upanixades, e seu número é de centenas, foram homens casados, com filhos, que se retiravam para as florestas depois de realizarem seus deveres para com o mundo, às vezes acompanhados pelas esposas, para ali encerrarem os anos derradeiros de suas vidas. Um dos maiores dentre eles, Yajnavalkya, nome muito conhecido na Índia, teve duas esposas. Não digo que isso seja correto, mas o que quero dizer é que não havia tabu sobre casamento e sexo ao tempo em que a Índia estava no zênite de sua carreira espiritual.

O sistema monástico e o celibato desenvolveram-se posteriormente. Foi Buda quem deu lugar ao precedente, com empenho espiritual, para a forma de vida monástica. Os monges, livres de todos os ônus do mundo, tornaram-se os instrumentos principais para a disseminação dos seus ensinamentos. O monaquismo não é uma forma natural de vida. Se a conquista de um estado superior de consciência está de acordo com os planos da natureza, podemos acaso pensar — sabendo quão fortes anseios ela implantou tanto nos homens como nas mulheres para garantir a propagação da raça — que, quando está para alcançar a meta do estado transcendental de consciência o homem tenha de negar todos os instintos e impulsos que o levaram a essa meta? Recorrendo ao celibato e à extrema negação do eu, o homem acarretaria sua própria extinção, ao mesmo tempo em que alcançasse o último degrau na escala de sua evolução. Fica assim claro — se encarada do ponto de vista do senso comum — que a idéia predominante sobre os meios adotados e a vida a ser levada nos *ashrams* para a conquista das metas espirituais não resistem a um exame minucioso da razão. Elas precisam ser remodeladas para se tornarem universais e para atender às necessidades destes tempos altamente sofisticados.

Sendo a evolução um processo natural, métodos não-naturais jamais podem levar a uma realização sadia. O essencial é uma vida normal, saudável e moderada, livre de ambições imoderadas e de luxúria anormal; uma vida que mantenha o homem sadio em sua carne e em paz consigo mesmo e com o mundo em sua mente; uma vida útil para o mundo e, tanto quanto possível de serviço desinteressado para o próximo; uma vida, em resumo, em que a nossa consciência e a nossa razão nos digam que devemos viver para criar alegria e paz para nós próprios, tanto para o espírito como para a mente — e sermos uma fonte de consolo e de felicidade para os demais.

Esse tipo de vida ajuda o processo interior a reunir impulso e a levar a meta para mais perto dos indivíduos que a adotarem. A intenção do misericordioso Criador jamais pode ser a de que o homem deva castigar-se e sofrer excessivamente para alcançar a meta que lhe é proposta. Mas ele tem de adquirir domínio sobre sua natureza animal, a fim de não se fazer escravo de desejos e luxúrias imoderados. Tem de lutar e de combater contra as forças hostis para ter acesso ao Reino dos Céus, da mesma forma com que luta e combate para obter vitória sobre as forças da natureza e estabelecer um reino feliz nesta terra. A única diferença é que, para o primeiro caso, ele deve viver uma existência virtuosa e, em vez de dissipar energia em excessos sexuais, ou na busca de poder e de riqueza em demasia, cabe-lhe reunir essa energia para a conquista de um objetivo espiritual superior. A arena para um tal combate é o mundo, com todos os seus problemas e dificuldades.

No Ocidente nos ensinam que a revelação foi infalível. Temos usado as palavras Deus e Criador inúmeras vezes. Qual a sua opinião sobre Deus? Como o senhor descreveria o Criador?

Bem, ele é a inteligência que está por trás do universo.

O senhor supõe que haja uma inteligência por trás do universo?

Com toda a certeza. Não haveria inteligência em nós se não houvesse inteligência por trás do universo.

Mas há cientistas de reputação internacional – por exemplo, o biólogo Jacques Monod, Prêmio Nobel, francês, que afirma que essa idéia é uma tolice e que a base do universo é o caos ou o acaso.

Esses cientistas estão corretos até certo ponto, porque estão condenando a si próprios. Veja: o ponto de vista de um animal quanto ao universo é o de um lugar de sol, de chuva, de escuridão, de luz, do que ele vê, do que ele observa, daquilo contra o que ele reage, mas nunca tenta explicar o que seja. Ele vê, observa e reage através de certos instintos nele implantados pela natureza. Apenas a um passo adiante está o homem, que vê o universo, estuda-o, mede-lhe as dimensões, sonda-lhe as profundidades, calcula-lhe as atitudes, dá as razões e vê regularidade, pontualidade e lei nesse universo. E de onde vêm todas essas coisas, a não ser de sua própria consciência? Ele está apenas lendo sua própria consciência.

Um animal não argumenta, não atribui leis ao universo. É o homem quem faz isso. Vemos, assim, duas fases diferentes de consciência. Numa delas o universo é apenas algo que se move mecanicamente, enquanto na outra ele é uma criação ordenada e legítima.

De onde vêm, então, a ordem e a lei, se elas não estão na mente do animal? Elas vêm da consciência. Elas vêm porque o homem avançou um passo mais na escala da consciência. Se ele der outro passo, então o que ele vê é todo o universo como manifestação de consciência e de inteligência, a mesma consciência e a mesma inteligência que, de uma forma restrita, reveste o universo de lei e ordem.

Tudo quanto o senhor vê, cada cálculo que faz, vem do senhor, do que há de mais profundo no senhor. Um cientista materialista pode argumentar que, bem, nós conquistamos isso pela experiência. Por que o boi, a vaca ou o peixe não conseguiram o mesmo?

Então ele tornará a argumentar: bem, a consciência do homem deu um salto, mas quando lhe perguntamos como ela deu esse salto, o cientista emudece. Ele não sabe nada. Mesmo Darwin teve de admitir que não podia dar uma explicação definida para isso, a não ser a de que isso fazia parte da seleção natural. Assim, o senhor pode ver muito bem que toda a estrutura da filosofia materialista tem sido construída sobre suposições e premissas, e não sobre realidades. A primeira realidade com que nos deparamos é a consciência. O mundo vem depois. Conhecemos primeiro a nós mesmos e, a seguir, o mundo.

Assim, a forma mais criteriosa seria a de primeiro compreender o conhecedor. O que os pensadores modernos têm feito é ignorar ou desviar-se do conhecedor e começar uma investigação sobre o conhecido, esquecendo-se de que o conhecedor é que está fazendo isso.

Bem, o senhor estava falando a respeito do Criador. Sua definição do Criador é, simplesmente, a soma total de consciência no universo? E que diz do universo material?

Nada sabemos do universo material, a não ser o que percebemos através dos nossos sentidos, e a pesquisa moderna mostrou que o que os nossos sentidos percebem não é o padrão real do universo. O universo é composto de uma energia a cujo respeito nada sabemos. Ela não é perceptível, de forma alguma, aos nossos sentidos, nem à audição, nem à visão, nem ao paladar, nem ao olfato, nem ao tato. Assim, o que é, realmente, essa energia material, essa força material? Na verdade, o que é a matéria? Como podemos saber que a matéria não é uma forma de consciência, ou que uma energia, que se mostra tanto como matéria quanto como consciência, não é o real substrato do universo?

Lembro-me do que o professor Lobanov-Rostoky escreveu, numa carta, depois de ler a sua autobiografia. Ele disse que ela era "o primeiro relato vivo, clínico, a descrição detalhada do impacto da Kundalini sobre o corpo físico e, conseqüentemente, sobre o desenvolvimento espiritual do homem, ambos claramente interligados como um só e consecutivo fenômeno". Outro autor descreveu a energia Kundalini como "eletricidade viva, consciente". Essa nova consciência deu-lhe algumas intuições extraordinárias sobre o modo como a energia se comporta no corpo?

Deixe-me explicar um pouco. Vemos quase um milagre acontecendo no útero. Vemos apenas um invisível salpico de protoplasma desenvolvendo-se e multiplicando-se com rapidez e dividindo-se em incontáveis partes — os olhos, o nariz, a boca, os dentes, os ossos, as cartilagens, a pele, a carne — e centenas de outras partes e tecidos do corpo. Como tal coisa acontece com uma precisão e uma rapidez que o intelecto humano não pode captar? Isso significa que alguma espécie de inteligência, que fica além da nossa compreensão — e da qual não conseguimos encontrar qualquer traço a não ser pela observação da sua atividade — está presente e operando no universo. Isso é o Prana Cósmico.

Agora o senhor irá perguntar como eu relaciono minha experiência com o que acontece a um embrião que se está desenvolvendo no últero. É porque eu vi acontecer em mim mesmo uma operação idêntica, depois do despertar da Kundalini. Todos os tecidos e células, os nervos e todas as fibras do meu corpo estavam em intensa atividade, depois desse despertar. Eu fiquei como uma criança, na qual está ocorrendo uma reconstrução interna. Eu podia observá-la.

Como podia observá-la?

Internamente, concentrando meu pensamento em meu interior, e, externamente, por certos sintomas fisiológicos.

Como o senhor podia concentrar seu pensamento em seu interior?

Quando a Kundalini desperta e essa energia fortíssima vai para o cérebro, nossa consciência passa imediatamente por uma transformação. Ela recebe, então, a capacidade não só de olhar para si mesma, mas também de olhar para o corpo. Alguns curandeiros, como sabemos, têm um espantoso conhecimento do corpo e de seus órgãos, embora nunca tenham freqüentado um colégio. Alguns curandeiros podem diagnosticar doenças melhor ainda do que os médicos, sem terem tido qualquer treinamento médico.

Há médiuns que podem lhe dar vívidas descrições do que está acontecendo em seu interior. Alguns podem descrever o que está acontecendo no seu cérebro ou, em outras palavras, os pensamentos que o senhor está pensando. Outros podem dizer-nos o que está acontecendo à distância. Como acontece isso? É a mesma coisa, a mesma Kundalini despertando a consciência, por períodos curtos ou longos, e dando a essa consciência certas propriedades e poderes que não estão presentes na mente normal. A não ser que suponha uma transformação desse tipo, o senhor não poderá explicar todos esses fenômenos.

O senhor falou que, quando essa transformação ocorre, ela pode ser apenas espasmódica, como é o caso do médium.

Isso tanto pode ser um aspecto espasmódico como pode ser um aspecto permanente da vida humana. O que acontece é o seguinte: algumas pessoas são constituídas de tal forma que essa potente energia-prana vai para o cérebro, raramente quando o corpo está em condições adequadas. Nessas ocasiões, sua personalidade normal sofre um eclipse e elas podem ter síncope ou ocorrer uma grande diminuição em sua respiração. A ação do coração pode cessar. É possível que se tornem frias e insensíveis a impressões exteriores. É nesse estado que elas sentem uma expansão da personalidade. Elas sentem o contato com a fonte superior da inteligência e do poder que elas, em sua ignorância, designam como Deus, pensando que esse é o último estágio que um homem pode alcançar.

Em alguns casos, em vez de dar uma impressão de conscientização, a energia se expressa apenas por algum dom psíquico — o poder de ler a mente, o poder de ler o futuro, o poder de se projetar em lugares distantes e de descrever o que se passa ali; em suma, em diferentes tipos de talento. Ou, no caso de um prodígio, pode criar poderes espantosos mesmo em crianças imaturas, como, por exemplo, o dom da pintura, da música, de jogar xadrez ou do cálculo instantâneo.

Em alguns casos, ela aparece em gênios e intelectos extraordinários. Surpreende-nos ver como um homem, com sua frágil constituição, possui esse poder de expressão, esse conhecimento de uma língua ou esse volume de informações. É esse prana que cria nele esse estado. Essa energia pode operar de muitas formas quando é despertada. Vemos a evolução do homem acelerar-se desde os tempos em que se tornou agricultor, isto é, desde o tempo em que aprendeu a arte da agricultura, que lhe proporcionou mais lazer. Antes disso ele era caçador, um nômade que se movia de um lugar para outro. Mal tinha tempo para algum lazer ou para seu desenvolvimento mental. Quando conseguiu algum tempo livre, ele começou a estudar. Começou a observar o céu. Começou a olhar para si mesmo e para os objetos que o rodeavam. Começou a localizar a mente com precisão, a se concentrar. Através desse método, lentamente, muito devagar, ele atingiu as alturas de sua estatura atual.

A atenção e a concentração da mente são o instrumento pelo qual a natureza acelera o processo da evolução. Todos os sistemas religiosos e doutrinas ocultas prescrevem a meditação, de uma forma ou de outra, para se alcançar estados superiores de consciência ou Deus. Realmente, este é um exercício psicossomático natural, que foi recomendado para o progresso do homem.

Vemos isso demonstrado, de forma notável, no caso dos gênios e dos homens de talento. Vemos que desde tempos remotos eles estão sempre propensos a estados mentais de concentração e de abstração. A concentração é uma das características principais do gênio.

Um homem de talento, ou de extraordinária eficiência mental, entrega-se de corpo e alma a seus problemas ou à sua arte. Podemos ver, então, que ele se esquece do mundo. Todo o seu ser está concentrado no que está fazendo naquele momento. A mesma coisa acontece com o místico. Há, apenas, uma intensificação maior da atenção, de forma que ele fica totalmente esquecido do mundo exterior.

Portanto, uma lei sólida regula a evolução da humanidade, desde um estado primitivo, ou um estado de inteligência pequena, até um estado mais alto: essa lei é a aplicação da mente.

O senhor diz que a atenção é a chave e que os místicos localizam com precisão a sua mente. Em que estarão eles fixando sua atenção?

Em que está um pintor fixando sua atenção? No retrato que está diante dele ou na paisagem que tenta pintar. Em que um filosófo ou um matemático fixam sua atenção? No problema que tentam resolver. Toda essa atenção é dirigida para o exterior. É devotada a algum objeto ou a algum problema que está fora deles.

Na experiência mística, essa intensidade de atenção é devotada ao estudo do nosso próprio eu ou de nossa própria consciência. Observe: um estranho fenômeno ocorre depois do despertar da Kundalini. A consciência se transforma na entidade mais intrigante, mais fascinante, mais misteriosa, e a pessoa não se cansa de se estudar, de se concentrar em si mesma.

A razão pela qual os místicos estão sempre ansiosos depois da experiência está no fato de que após o despertar do mecanismo da evolução, a consciência atinge tal estado de beatitude, de fascinação, de encantamento e alegria, que a pessoa se sente sempre feliz em observá-la tão longamente quanto possível.

Mas, o que está o senhor observando? É uma experiência visionária?

Sabe o que acontece à mente dos fumantes de ópio? Ou dos que usam maconha, haxixe, heroína e outras drogas, incluindo o óxido nitroso?

Eles têm alucinações.

E visões, que, às vezes, são extasiantes. Mas também passam por uma perda de intelecto e de julgamento. No caso da experiência mística, todas as faculdades normais da mente são elevadas, e não embotadas. Assim, há uma diferença radical entre a experiência com drogas e a beatitude interior a que estou me referindo. Nesse caso, não se trata de uma visão ou de uma alucinação. Trata-se da mesma consciência que está trabalhando em nós. Quando o senhor se concentra em si mesmo, o que nota, por exemplo? Tem visões? Vê criaturas horríveis ou formações fantásticas, como as que Aldous Huxley descreveu?

Não, a não ser que eu tenha tomado alguma droga.

No estado superior de consciência, o senhor verá o mundo real ainda mais real. Poderá ver as mesmas coisas ampliadas, sem quaisquer visões de criaturas ou projeções estranhas. O senhor vê a mesma coisa expandida, e vê a si mesmo por meio dessa expansão, uno com a criação que o rodeia — sem a menor perda da precisão do intelecto, ou da visão, ou do olfato.

Mas os olhos ficam fechados?

De forma alguma... ficam abertos.

Mas os seus olhos estão focalizados em seu interior.

Quando estou meditando e fecho os olhos, eu vejo a mesma coisa. Não vejo o mundo exterior, e sim a expansão do meu eu. Sinto-me como se eu estivesse me expandindo e me difundindo por toda parte. Eu apenas, só a consciência, sem qualquer imagem — apenas um globo de luminosidade, cheio de grandeza e de luz.

Mas nada que possa ser descrito como uma entidade, uma paisagem?

Não há alucinação, a não ser nos sonhos. Eu vejo sonhos.

Mas isso quando o senhor está dormindo.

Certa vez fizeram uma pergunta a Ramana Mahrashi: "O senhor vê espíritos?" Ele respondeu: "Sim, em meus sonhos". Eu gostaria de lhe dizer algo que provavelmente o Ocidente desconhece, principalmente em se tratando da geração mais nova. Não há uma só menção de milagres nos Upanixades, e eles são o manancial de todo o pensamento metafísico e espiritual da Índia. Não há uma palavra a favor de milagres nos diálogos de Buda, que, na verdade, os condena. Nem uma palavra sobre milagres no Bhagavad Gîtâ. Krishna condena os que praticam a meditação para prejudicar outros ou para obter algum objeto mundano para si próprios ou, em outras palavras, para conseguir milagres. Nas palestras de Ramakrishna, de Raman, de Sri Aurobindo, do Swami Sivananda, não há nenhuma palavra sobre milagre.

O senhor se sente nesse estado superior de consciência apenas em seus períodos de meditação?

Isso é agora um traço constante da minha consciência. Eu tive o primeiro despertar da Kundalini com a idade de trinta e quatro anos.

Quando isso se tornou um traço permanente?

Durante muito anos, foi algo variável, penoso, obsessivo, fantástico mesmo. Passei através de quase todos os diferentes estágios da mente: o mediúnico, o psicótico e outras alterações mentais. Durante algum tempo oscilei entre a sanidade e a loucura. Escrevia em muitas línguas, algumas das quais jamais conheci. Não conseguia conviver com outras pessoas, vivia em estado de depressão. Passei por todos esses estágios e, então, lentamente, minha condição se estabilizou, até que senti que algo de extraordinário me acontecera no ano de 1949.

Depois desse período, andei hesitante durante algum tempo, por motivos físicos. Minha saúde sofreu algumas crises e não pude cuidar de mim como devia. Logo depois, entretanto, fixei-me no atual estado de consciência. O estranho é que ele ainda se está expandindo, está se tornando cada vez mais belo, mais sedutor. E foi isso, a minha própria experiência, que me ensinou a ver na Kundalini a base do gênio, da loucura, da neurose e de outros estados mentais extraordinários.

O senhor disse que esse estado ainda está mudando. Então ainda não conhece o definitivo, a ser alcançado?

Não há o definitivo no progresso humano. É lamentável que o ego do homem o leve a crer que nada existe acima dele em matéria de consciência ou de mente. Na verdade, ele ainda se encontra num estágio muito baixo de evolução, pois terá de evoluir durante centenas de milhares de anos, com todos os recursos que a ciência colocou ao seu dispor. Talvez então ele possa ter contato com a realidade total que está por trás do universo.

Os ensinamentos religiosos não resistem à razão, e talvez isso explique o fato de os guardiães da fé organizada não permitirem que a razão penetre nela, para que todos aceitem os ensinamentos da fé. Estou tentando varrer essas teias de aranha para colocar a ciência espiritual sobre seu verdadeiro alicerce, uma ciência tão lógica, tão consistente e tão demonstrável como qualquer outra.

Como o senhor pretende fazer isso?

Cada estado alterado da consciência tem sua correspondente modificação biológica no corpo. Portanto, a experiência mística também deve refletir-se no corpo e no cérebro. Estou tentando criar experimentos pelos quais a ação da Kundalini, ou dessa força psicossomática que leva a estados superiores de consciência, possa ser medida.

Há muitos cientistas trabalhando com equipamento eletrônico requintado para medir modificações biológicas que acompanham fenômenos psicológicos. Isso tem algo a ver com o que o senhor está dizendo?

Eles não conhecem a causa, que está na reversão do sistema reprodutor. A causa é a atividade do sistema reprodutor voltada para o alto. Desde que aceitem esta proposição, as próprias mudanças do sistema reprodutor podem confirmar o que digo, e essas mudanças não estão limitadas apenas aos místicos. Elas podem ser observadas mesmo nos loucos, nos homens de gênio, nos médiuns e nos prodígios. Assim, o que eu digo não será verificado apenas numa coisa, mas em vários fatores e em muitas classes de homens. Portanto, a confirmação é inevitável.

O senhor organizou agora, aqui em Cachemira, o Instituto de Pesquisa Kundalini, e sei que está fazendo algumas pesquisas, principalmente em livros antigos.

Estou tentando provar, pela pesquisa documentária, que as coisas que estou dizendo sobre as reações biológicas causadas pelo despertar da Kundalini já eram conhecidas há milhares de anos e estão claramente mencionadas em livros antigos.

Se já está em documentos antigos, por que os especialistas em sânscrito, que os têm sondado tão minuciosamente, ainda não o comprovaram?

Em alguns casos a informação está expressa em linguagem críptica; em outros ela é mencionada de uma forma de tal modo velada que poucas pessoas a entendem.

O professor Mircea Eliade, da Universidade de Chicago, passou muito tempo na Índia, manuseando os antigos documentos sânscritos. Seu livro *Ioga, "Imortalidade" e Liberdade"*, **é considerado um clássico. Ele deve ter-se deparado com essas passagens.**

Sim, ele até se refere a algumas delas — não sobre gênios — sobre essa energia sexual que sobe, mas sem compreender as suas implicações. Há tantos fatores influindo nisso. Um deles é que eu próprio o vivenciei. Outro é o fato de ter chegado o tempo destinado.

Essa é uma expressão estranha para nós, porque poucas pessoas levam o caso a sério. Quero dizer, não acredita na existência de algo chamado destino.

Quando observamos o mundo causal, vemos que ele é rigidamente ligado pelo princípio de causa e efeito. Mas quando alcançamos uma dimensão superior de consciência, vemos que as rígidas paredes da matéria se desfazem. O tempo e o espaço perdem a sua rigidez e há uma mistura de passado, presente e futuro. Observando tudo desse ponto de vista, o que pensamos sobre o universo – as leis, o efeito e a causa – é um produto da nossa consciência. Em nossa dimensão de consciência, o mundo não é ilusório. Ele é real. Mas, no estado seguinte da consciência, ele perde a sua solidez. Por isso é que estou persuadido a afirmar que uma lei, que podemos chamar destino, governa tudo quanto acontece no universo. Podemos dizer que estamos, ao mesmo tempo, livres e presos. É um paradoxo, mas esse paradoxo é criado pelo intelecto.

Então, o destino resolveu que o homem devia começar a entender sua própria natureza?

Lançando os olhos para o passado da história, o senhor verá que todas as grandes descobertas e todos os lampejos de intuição vieram sucessivamente, em seu devido tempo. Um seguiu-se ao outro. Alcançamos o limite do intelecto e já temos em mãos a terrível arma que é a bomba nuclear. Por outro lado, no domínio da psicologia, ainda estamos tateando na escuridão. E talvez nem sequer tenhamos alcançado o estágio a que chegaram os antigos adeptos da Ioga na Índia. Portanto, é justamente para equilibrar os pólos opostos que hoje esse conhecimento se faz absolutamente necessário.

O que o senhor quer dizer é que nos adiantamos intelectualmente e alcançamos uma barreira além da qual será tolice seguir, a não ser que a sabedoria venha em nosso auxílio?

Já fizemos tolice negligenciando inteiramente o lado espiritual durante os últimos três séculos. As pessoas que agora praticam disciplinas espirituais não costumam ser as de intelecto superior. As pessoas de talento devotam-se a várias profissões, estudos, ocupações, tecnologias, ciência, filosofia, arte, e nessas atividades fazem seu nome.

Há pouquíssimos intelectuais interessados no estudo da

religião. O lado espiritual tem sido negligenciado. Isso foi um erro fatal. O mundo está ameaçado de desastre, e todo mundo se sente confuso. Os cientistas estão culpando os políticos. Alguns eruditos acham que o erro vem dos tecnólogos. Há um desenvolvimento desequilibrado do interesse e dos direitos adquiridos. Apenas umas poucas pessoas dotadas de visão planetária são capazes de julgar que mesmo um erro muito ligeiro pode mergulhar toda a humanidade no desastre.

Então, o senhor considera que uma pesquisa científica da consciência — ou da Kundalini — seria uma abordagem muito sensata para produzir o equilíbrio necessário?

Isso abriria à ciência um novo campo de pesquisas e também daria validade à experiência espiritual. Isso influenciará todas as esferas da atividade humana e harmonizará toda a humanidade. No decorrer dos anos — quando grande número de pessoas se derem a essas práticas e tiverem aprendido os vários métodos de controle de suas reações fisiológicas — haverá uma safra de super-homens na raça humana. Esses homens serão extraordinários sob todos os pontos de vista.

O tempo habitual do despertar da Kundalini é entre o trigésimo e o quadragésimo ano de vida. Assim, se essa é a época na qual um homem se torna maduro, o período de alegria será quase duplo. Estou certo de que, quando as leis sobre a Kundalini forem conhecidas, o prazo de vida do homem chegará aos 150 anos, a maior parte das quais será para o seu prazer e para o exercício de suas faculdades.

Esses super-homens serão prodígios da mais alta ordem. Dominarão as principais línguas do mundo e poderão escrever em verso e prosa, em todas elas. Dominarão todas as ciências e, assim sendo, poderão orientar até os mais altos especialistas. Os lampejos de intuição desses gigantes do intelecto fornecerão pistas para a investigação dos fenômenos da natureza.

Os de mais alto saber entre eles – homens ou mulheres – serão chefes de Estado, grandes cientistas, matemáticos, professores, artistas, musicistas. Eles serão dotados de tais talentos que poderão orientar a humanidade da era atômica e pós-atômica. Eles conhecerão a meta que foi estabelecida para o homem. E também a melhor maneira de chegar a essa meta. Introduzirão tais reformas e terão tais estruturas políticas e sociais que a todos será permitido ter a oportunidade de passar a um estado superior de consciência. A idéia do mundo como um único Estado será realizada por eles. Juntos, projetarão leis para a unidade e o progresso da humanidade.

Sem isso – se a humanidade ainda for governada por ditadores patrióticos e falsos homens de letras e de ciência – o mundo será sombrio. Os homens e mulheres que irão guiar a humanidade partilharão das características de um Cristo ou de um Buda. Isto é, seu propósito não será apoderar-se do poder ou tirar vantagens indevidas da sua posição, mas devotar sua vida e energia ao bem comum.

Eles sentirão prazer nisso, e ficarão muito contentes se encontrarem outros que se elevem a mesma altitude de consciência.

Acredito que dentro dos próximos trinta anos a lei relativa à Kundalini será estabelecida e aceita pela ciência; e instituições regulares serão abertas para a prática e as disciplinas que estudarão as mudanças que ocorrem no seu despertar, sob a orientação de psicólogos e cientistas competentes.

Quando isso for feito, será fácil para as pessoas a prática dessas disciplinas e ganhar acesso às regiões superiores da consciência. De início, o seu número pode ser pequeno, mas irá crescendo para centenas de milhares com o decorrer de umas poucas décadas.

Leia também

A ARTE CAVALHEIRESCA DO ARQUEIRO ZEN

Eugen Herrigel

"Sentei-me numa almofada, diante do mestre que, em silêncio, me ofereceu chá. Permanecemos assim durante longos momentos. O único ruído que se ouvia era o do vapor da água fervendo na chaleira. Por fim, o mestre se levantou e fez sinal para que eu o acompanhasse. O local dos exercícios estava feericamente iluminado. O mestre me pediu para fixar uma haste de incenso, longa e delgada como uma agulha de tricotar, na areia diante do alvo. Porém, o local onde ele se encontrava não estava iluminado pelas lâmpadas elétricas, mas pela pálida incandescência da vela delgada, que lhe mostrava apenas os contornos. O mestre *dançou* a cerimônia. Sua primeira flecha partiu da intensa claridade em direção da noite profunda. Pelo ruído do impacto, percebi que atingira o alvo, o que também ocorreu com o segundo tiro. Quando acendi a lâmpada que iluminava o alvo constatei, estupefacto, que não só a primeira flecha acertara o centro do alvo, como a segunda também o havia atingido, tão rente à primeira, que lhe cortara um pedaço, no sentido do comprimento."

Trazendo o fantástico para o nível do real, esta é uma página deste livro surpreendente, no qual o filósofo alemão Eugen Herrigel conta a sua extraordinária experiência como discípulo de um mestre Zen, com quem aprendeu a arte de atirar com arco, durante os anos em que viveu no Japão como professor da Universidade de Tohoku.

Sem dúvida — como afirma na introdução o professor D. T. Suzuki — um livro maravilhoso que, graças à limpidez de seu estilo, ajudará o leitor do Ocidente a "penetrar na essência dessa experiência oriental, até agora tão pouco acessível aos ocidentais".

GESTOS DE EQUILÍBRIO

Tarthang Tulku

Lama-Chefe do Centro Tibetano
de Meditação Nyingma e do
Nyingma Institute

Desde sua primeira publicação em língua inglesa, *Gestos de Equilíbrio* tornou-se um *best-seller* entre as obras do autor e um dos livros sobre meditação mais lidos em todo o mundo, por apresentar o mais profundo estudo a respeito de uma tradição antiga traduzida em termos facilmente assimiláveis para a nossa experiência ocidental.

Guia introdutório à percepção, à autocura e à meditação, este livro discute as qualidades básicas para uma abordagem espiritual da vida, que deve ser vivida com honestidade, responsabilizando-se cada qual pelos próprios atos e abrindo o coração aos outros.

Ao ensinar, nesta obra, como viver o Budismo na vida agitada de nosso dia-a-dia, seu autor — um lama tibetano que há mais de 10 anos continua no seu trabalho pioneiro de aproximação entre Ocidente e Oriente através do que este possui de mais elevado: sua tradição filosófico-religiosa — realizou a façanha de tornar acessíveis para os ocidentais o pensamento e as práticas milenares ensinadas pela tradição budista no Tibete.

EDITORA PENSAMENTO

O SIGNIFICADO DA FELICIDADE

Alan Watts

O tema deste livro é a realização da "felicidade" no sentido aristotélico e tomístico do verdadeiro fim ou destino do homem, sentido esse que denota a união com Deus ou, para dizê-lo conforme a precisão da terminologia oriental, harmonia com o Tao ou Moksha, ou ainda, o Nirvana. Esta particular e suprema condição de felicidade não resulta da ação, advindo, pelo contrário, do conhecimento. A imprescindível lição de Alan Watts é que a esfera da ação poderá exprimir tal felicidade, nunca porém conquistá-la.

Apoiados no Zen, no Tao, no Cristianismo, enfim no Budismo que, inúmeras vezes, ele esmiuçou com a compreensão de um iluminado, os trabalhos de Alan Watts, todos eles carregados de flagrantes capazes de despertar a consciência mais embrutecida, por um tempo a perder de vista, ainda servirão de rumo às pessoas que se esforçam por alcançar a clareza de pensamento.

EDITORA PENSAMENTO

Editora Pensamento
Rua Dr. Mário Vicente, 374
04270 São Paulo, SP
Fone 63-3141

Livraria Pensamento
Rua Dr. Rodrigo Silva, 87
01501 São Paulo, SP
Fone 36-5236

Gráfica Pensamento
Rua Domingos Paiva, 60
03043 São Paulo, SP
Fone 270-3033